思想觀念的帶動者

文化現象的觀察者

本土經驗的整理者

生命故事的關懷者

L i v i n g

直探宇宙隱藏的跳動

承受如夢召喚的牽引

走過遠方驚喜的記憶

迎向生命更深的信息

城市故事社大識

著、繪　陳健一

國立政治大學社區學習研究發展中心　合作出版

目次

第二部　環境生態、公益精神

第三部　學術、地方文史、公民運動

推薦序一

整個城市，就是我們的學校！

吳清基
教育部部長

社會教育的發展是一個國家繁榮進步的象徵。近十年來，社區大學、長青學苑、社區學習中心等新興的學習機構相繼設立，伴隨早已為人熟知的社區圖書館、社教館、地方文史館等，國內終身學習的硬體建設更趨完備且多元化；於此同時，教育部更於民國九十九年起積極推動學習型社區試辦計畫，進一步整合地方終身學習資源，提供一般民眾更為便利的學習管道，並提升全民（特別是完成義務教育後的成人）參與學習的比例。

我國社區大學的成立，堪稱世界上獨一無二的創舉，它不僅提供成年人學習的場域及機會，更標榜知識的解放與建立公民社會的理想；如果「民主」是臺灣社會發展的必然方向，那麼社區大學及其理念便供給了可能的環境與養分，作為在地終身學習的一項重要軟體資源。

在這樣的背景環境之下，教育部自民國九十八年四月起於政治大學成立「社區學習研究發展中心」，初期以「社區大學」為主要的研究和服務對象，期望將社區大學十三年來多元而異質的發展和經驗，進行整理、研究和反思。起步走穩後，此中心將延伸「社區學習」之內涵，朝向「終身學習」和「無所不在的學習」兩大方向擴展，並連結民間、政府及學術界，發揚臺灣社區學習之獨特理想性及深耕在地的涓涓貢獻。

值此之際，《城市．故事．社大識》一書作為社區學習研究發展中心第一本出版品，深具意義：它描繪著我國「社區大學」初始發源城市臺北市的社大故事，真真切切地捕捉學習的各種幽微樣貌，一步一腳印地實踐著社區大學的理念，有的活潑熱情、有的可愛動人；故事擺脫說理和論述，讓一般民眾和讀者更容易親近和「悅」讀。它寫城市，細筆深描出臺北城的另一種面容，交錯著對歷史文化縱深的關懷，以及充滿前瞻和創意的未來力，或是深情雋永、或是領先超前；整個城市，就是我們的學校！這麼一部動人的作品，值得分享與推薦。

二〇一一年三月

推薦序二

遊唱詩人在社區大學之間遊蕩

國立政治大學教育學院院長、政大社區學習研發中心主任

詹志禹

這是一本用圖畫和故事來體現「地方學」以及社區大學精神的奇書，將台北的故事纏繞在各社大「教與學」的故事當中，讓過去與現在對照、生活與記憶對照、文字與視覺對照。

每一個人類生活過的地方，都有許多歷史、記憶和故事，但隨著社會經濟發展和時間巨輪的滾動，大部分記憶都如火車窗外的景物般快速飛逝。台北在二、三千年前就有人類生活，但所有的生活故事都已隨風飄去，只有在興隆路的十五份地區留下了一些遺址，靜靜躺了數千年，直到文山區出現全台第一所社區大學，出現一位誠樸、敏銳的學員，出現一些相關課程和專家學者，才出現了另外一個故事：一個關於探究和考古的故事。

如今台北人記憶所及的故事，是否也即將埋入歷史、淹沒地底？例如百年前曾經是台北監獄的地帶，後來為何埋入歷史，變成「華光社區」？如今的「華光社區」是不是也即將埋入歷史？又如五、六十年前寫過〈望春風〉、〈補破網〉的李臨秋，得自什麼經驗？經過什麼時代？留下一些什麼記憶？幸虧有大安社大與中山社大的一些師生，讓近代台北人的故事再度鮮明。

活在今天的台北人，有辛苦的，有輕鬆的；有痛苦的，有快樂的；有每天不斷對抗悲劇並與生存奮鬥的，也有每天不斷思考如何讓社區更美、更好玩、更有創意的。我們能留下什麼樣的故事？幸運地，我們有南港社大與內湖社大等一些師生，將現代台北人留下有血、有淚、有歡笑、有生命的故事。

社大參與書寫、紀錄、共同創造地方故事並改善社區環境，並不限於上述社大，也不限於台北市。台灣有許多社區大學充滿理想主義的色彩，他們標榜解放知識、建立公民社會，讓學員透過公民參與、操作體驗和社會行動而獲得真實情境的學習。我觀察一些經營良好的社大，覺得他們至少具有下列三種教學特色：

一、經驗知識：一般大學太重視系統性、概念性、抽象性的套裝知識，經常輕忽生活與實踐，也輕忽民間的知識與智慧。社大聘任師資較具彈性，挖掘許多民間之寶，無論是木匠達人、素樸藝術家、另類建築師、創意攝影師或地方文史工作者，都有可能進入社大，進行文化傳承工作。

二、學習動機：許多社大學員前來社大學習，都是因為受課程吸引，受親朋好友的感動，受教師教學的觸動，受同儕的鼓勵，並對教學內容與學習過程感興趣，甚至引發心流經驗（flow，一種學習高峰經驗），這樣的學習動機與學習經驗，超越正規體制內（從小學到大學）的學生甚多。正規體制內學校充滿太多競爭、考試、成績、排名、壓力、獎懲控制、倫理體制與工具性動機，對學習有興趣、對知識有熱情、對課外優良書籍有胃口的學生其實不多。

三、社區參與：社大與社區結合的程度，遠超過一般大學所為。許多正規大學只是社區中的孤島；相對而言，社大的課程很靈活，結構很有彈性，內容經常能與學員生活、社區發展或公共議題密切相結合。許多社大對於社會的脈動很敏感，對於社區的改善很有貢獻，而且最難能可貴的是，社大可以將社區參與、公民行動轉化成為一種深刻的學習經驗，成為課程的一部分，並成為一種創意的教學方法，讓街道、公園、廟宇、社區球場、活動中心或其他公共空間，都成為教室。

本書所提供的一些案例故事，充分展現了上述社大特色；所以，本書不只可作為「地方學」參考，同時也可作為「社大學」參考，我們相信還有很多其他精彩的故事，正在其他城鄉、其他社大發生，希望有一天也可以被紀錄、被發表。

推薦序三

令人感動的台灣

馮朝霖
政治大學教育系教授、新北市新莊社區大學主任

世界舞蹈大師林懷民每次接受訪問都會強調雲門不是他一個人的，而是許多人的共同成就，最近一次接受《中國時報》訪問時，他反問記者：「什麼叫台灣之光？我們這些出來拋頭露臉的絕對不是台灣之光……」他強調，那些捐款給雲門的小學生、企業家，鼓勵雲門的計程車司機，以及那些成為文明秩序力量的台灣人，他們才是台灣之光。林懷民認為台灣雖然很多先天不足，但也因此什麼可能性都有，他特別希望在這些可能性中，有種「從容以對」的可能，讓台灣在各方面都能累積並奠定基礎，「因為台灣有這麼棒的一批人。」（中時電子報2011/02/28）

林懷民的這一席話讓筆者想起另一篇網路文章〈台灣就是這樣令人感動〉，這是海外作家顧月華女士來台北參加海外華文女作家協會每兩年一次的年會之後，在二〇一〇年十二月所寫的一篇記行文字。顧月華特別引述副總統蕭萬長在其會議開幕致詞中所說的話：一個強大的國家不等於是一個偉大的國家，一個偉大的國家的人民有自尊，也尊重別人，它們的人民應該有很好的文化修養，而台灣正朝此努力，而且被世人敬重。

顧月華認為台灣人民的文化修養與其複雜悲悽的歷史經驗有關，可貴的是強權的殖民統治與專制的獨裁並沒有將他們壓垮變形，如一粒粒的種籽，在土壤中依然頑強地往上爬升；苦難的歲月及磨練反而孕育出這塊土地上的人民富有自尊自強自愛之心。

台灣之所以令人感動正是因為十步之內必有芳草，台灣人民普遍散發陳樹菊女士所象徵的自發性的良善與愛，職業儘管平凡卑微，卻具有自尊自強自愛之心，樂於幫助別人而不求回報；對生命充滿喜悅、對生活充滿信心、享受當下美感且善於同理其他生命。

粗讀《城市·故事·社大識》一書的十二個精彩故事，我由衷感覺，社區大學的故事正也見證「台灣就是這樣令人感動」，「因為台灣有這麼棒的一批人」的驚艷！許多人都知道，大多數人到社區大學上課與參加社團活動並不是為了獲取學位，也不是為了累積學分；或許該問，那到底是為了什麼？不就是為了能學習與深化林懷民所說的「從容以對」的生命智慧與生活美學！不就是為了尋找更多的感動經驗與創造感動，而無形之中造就一個偉大的國家！

台灣就是這樣令人感動！如果這要是永續的真理，那麼台灣人或許應該學習希臘人的自信說「我們是個愛美的民族」。而如此的民族文化願景認同與轉化，社區大學絕對擁有舉足輕重的貢獻契機與能量！

自發性的創造、即興的美學與共生的智慧，閱讀《城市·故事·社大識》一書，令人深刻體認已經萌蘗的台灣社區大學公民美學與瑰麗文化！

前言

社區有大學

台北有十二所社區大學……

我要拜訪每一所社大，想用個別的關懷視角，體會街角邊、巷弄裡、步道間，以及斗室中的種種風情……

那天，站在信義社區大學頂樓，志工林美華正在摘拔萵苣的菜葉，她說：「旁邊長有很多側枝，要栽除留下漂亮母株就好……還有，要壓下葉柄底部，再摘除葉子，這樣做才不會動到根部，根才不會浮浮的，容易吸收養分……」小小的動作藏有生態的內蘊、生命的熱力。

走進興隆街，我在巷弄的二樓空間找到鄭景隆。

鄭景隆告訴我發現史前遺物巴圖型石器的經過，也談到文山社社大工作團隊在課程上、人力上給予的支持、陪伴。接著，「巴圖」、「十五份遺址」逐漸被社區民眾、教師知道，鄭景隆也完成社區大學第一篇經由學者審查核可的畢業論文。「我把這些東西公共化，從來不認為這是我的，後面就有得玩了，可以越玩越好。」——「公共化」是什麼？「公共化」的價值又如何了？鄭景隆給了很大的想像力和實踐力道……

在南港社區大學的教室裡，我和六十三歲的鄧黃銀蓮有段長談……

「對於六十三歲的我來說，一輩子從來沒想到攝影、紀錄片這樣的事，沒想到竟然可以拿起攝影機，做紀錄片，還得獎，多值得珍惜的經驗啊！

民國九十八年十一月，《戲夢．人生》在光明戲院放映。從來沒有想過，我拍的紀錄片，會在電影院裡放映，感覺上很被尊重，很有價值。想想這段期間的成長之路，社大對我的幫助真的很大！」

內湖社大的辦公室旁的走廊有許多道具，這些道具是供嘉年華會遊行用的。

「有一群人身上畫著大花臉，手上拿著假的刀子或者扇子，也有人妝扮成恐龍，還有人把拖板車做成駱駝的樣子……每個人都打扮得很誇張。妝扮好以後，一起走出戶外，走到街上。這群人先在汐止某個社區的街上走，一年後跑到內湖的街上走，幾年後又到台北總統府附近的街上走……」這些人從幾百人到上萬人。這是汐止夢想團隊促成的嘉年華會遊行，內湖社大也扮演重要角色。

有一個賞鳥者，在華江雁鴨公園進出十幾年，每月去好幾次，沒有間斷。他是萬華社大「綠野仙踪社」社長陳岳輝。這樣的守護，究竟為什麼？

陳岳輝說：「我家距離較近，是原因吧！這一、二十年環境變化很大，大自然的力量無法改變，我要將之前看到的經驗，傳承下去，帶社區的民眾到這裡參觀。早期可以看到很多鳥，現在少掉很多……」

沒有動容的大道理。就是平淡，就是持續！這樣的平淡、持續卻也堅持了十幾年！

第一所社區大學自民國八十七年成立到現在，已超過十年。十數年來，社區大學主事者從理念的強調到實踐，從困惑、摸索、調整中，發展出較清晰的實踐理路，也引領更多民眾進行學習和展開行動。

循著這樣的理路走訪各社區大學，想用社區大學「應然」視角審視社區大學辦學的「所以然」；只是，一旦進到社大教學或實踐現場，我變得不太在乎社大的義理理路，一味貪看社大所在的「社區風景」；風景中可能是一個菜圃、學員拍攝影片的視窗，也可能是一個器物、一個人或一群人……每一個場景、談話、器皿都有故事，都有精神奕奕的生命熱力，關心社會、環境的使命和願力……

社區大學以關懷社區、社會為視角，是該培力出、陪伴出許多典範。我筆下的人物都可以這樣提喻！

這些典範，都是很美麗、很精采的人生風景。我一邊走讀，一邊訪談，也一再感動。很多時候，我忘記自己在做訪談，而是在參與，在閱歷，在學習，在欣賞。來到鄭景隆的工作室，我們是在討論，甚至在重整概念；和陳岳輝走在華江雁鴨公園，我在見習，如初學賞鳥者般的驚喜與熱情；在林美華的菜圃中，我意識到採摘菜葉當下的生命觸感；六十三歲鄧黃銀蓮神采奕奕地談到公民記者過程，我也想去上這樣的課……

我來，我在信義社大，在文山社大，在南港社大，在萬華社大，從來不願意只是單單為了採訪、觀察和寫作，我較想佇足、逗留、徜徉、體會、啟發、學習……眼前的這一切。很多時候，我忘記自己是採訪者身分，讓自己深陷在參與者、學習者、實踐者的情境中。這是我熟悉、容易安頓的姿態。

這中間，不免引動我的社會實踐動念，也興起社大做為社區實踐志業的諸多想像。像松山社區大學蔡素貞校長的談話，就把我帶往較高的視角看待這一切……

「社大要看重在地社區的力量，不要把社大架得太高，把自己弄得不沾泥、不沾鍋。要和地方有情感連結，讓地方感覺到社大。」——蔡校長精準地掌握社大精神，進行社區志業的實踐，那天離開松山社大的辦公室，這股社會實踐的力量卻一直「站」在旁邊。

到訪大安社大，看到梁蔭民老師略帶憤怒的神態、學員廖健苡看似嬌弱的神態，卻都傳遞出堅持、自信的信息。他們和社大學員參與中正紀念堂旁華光社區都市更新案的歷程，最後都很無奈，但是並沒有沮喪，仍然熱情參與。健苡的一篇短文中指出：

「這樣一個都更案，將居民都打散，他們在這裡十幾年的情感和記憶也要瓦解……如果這些共同的歷史記憶消失殆盡，台北人將如何對這個空間有認同和歸屬感？如果我們想打造的台北，是個有生命、有活力、有記憶的台北，難道不該想想如何創造一個具知性、文化的空間嗎？我們可以接受在歷史交替的過程中，有些東西會消失，但記憶卻是可以留存或再現這些實體的方式，我們不希望看到一個冰冷、失根的台北。」

那天離開大安社大是晚上九時，馬路邊攤商正在叫賣熱騰騰的湯包，我的心也帶著溫熱，或許是被健苡關懷社會的熱力所感染！

社會、社區都在不斷地發展演化，有時我們以為是好的，卻不見得是真正有益的，這時就需要更多的提醒、實踐和導正，而這些會是社區大學可以努力的方向之一。社區大學陪伴許多民眾學習，也要啟發覺知，培力出關心公共事務的公民，在鄭景隆、廖健苡、梁蔭民、鄧黃銀蓮、陳岳輝身上，我看到這樣的範例。

我想到歌謠〈望春風〉作者李臨秋曾說過：「做為一個作家或藝文工作者，有責任把當時情況反映在作品裡，流傳給後代，這是做一個文藝界人士應該盡的責任。」

這段話，或許可以註記我此刻的心情和想法：有好幾群人，散居台北十二所社大，他們帶些執著、熱力在關懷自己的土地、社區和社會，而他們正在做的事，是邁向所謂「公民社會」志業的重要範例。我想告訴大家的，就是這些發生在我們這個時代的典範。

第一部

草根生命力

生命的另一條出路——關於大姐Lotus，還有她拍的紀錄片

我的人生第二春：不只是上課

我從學校畢業結婚後，就和先生定居南港，經營貨櫃拖車的生意。有一回上菜市場，碰到老朋友，聽她說起南港社區大學要開班上課的事情。其實，我從沒有想過，有可能再回學校念書，雖然曾發了心願，想要再說日語，特別是想起小時候阿爸教我日語的那段光景；他受的是日本教育，日本話說得極棒。我頭一次去社大，便選了日語課，那時是民國八十九年，我算是南港社大很早期的學員。

這可以說是學習生涯的第二春，尤其後來我選了文史導覽班。那段時間，我們開始去認識、瞭解南港的在地文化歷史，也參與南港區公所的導覽員培訓，例如桂花季的時候，我們會配合參與導覽、為參觀的民眾解說。後來，我們陸續訪問茶山耆老、參加河川巡守，到基隆河、大漢溪做訪視，參與相關公共議題的討論；也參加了社區大學全國促進會辦的「志工列車」，走訪阿里山達娜伊谷及鄒族部落，體驗土地和人之間深刻的關係，那是民國九十三年的時候，對我來說頗有啟發：

「雨天的培訓令我內心澎湃不已；我看到了團結的力量，理想的執著。阿里山

鄉的山美部落村民及志工，聯手打造了守護達娜伊谷自然生態公園。從這個實際經驗及成果來看，經濟文明與保育工作，其實可以並行不悖，而生命會自己找到出路……」

——大姐Lotus

在公視peopo平台上，「大姐Lotus」是我的筆名，是我的嘗試；嘗試分享，也嘗試表達。

參與社大全促會志工列車活動

老學員的初體驗

「我常常在想，很多災害，其實並不完全是政府的錯；民眾也有錯。人和山爭地、和海爭地，這些是不好的做法，人民也要知道這些，這些都是我們公民記者可以做努力的一個具體例子……」

幾年前，我們參與了南港社大承辦的全國河川NGO會議，那種「國在山河破」的感觸尤其深刻。同一年，我和幾個南港社大的志工伙伴，參加台北市都發局的關懷河川工作「願景地圖」。我們得先瞭解社區淵源，然後設定採訪主題；為了和社區居民一同來思考未來願景，我們想嘗試以圖像的方式，來與社區互動。為此，南港社大找來了相關領域的老師，教我們數位相機的使用、簡單的拍照和剪接技巧等。

在那同時，我們曾到洲美街屆原宮去談地圖製作的事，接觸到幾位長官和前輩，也談到我們參與願景地圖的學習過程；他們便鼓勵我們嘗試拍攝紀錄片。這個點子受到伙伴們和社大老師的認同，我們開始積極促成「公民新聞社」的創立，那是民國九十六年的三月，我是第一任的社長，後來還連任了幾次。

紀錄片的拍攝並不容易。社團伙伴們一起親臨現場觀察、探索，進行拍攝和事後的剪接製作，在相互磨合中，逐漸培養出彼此的默契和感

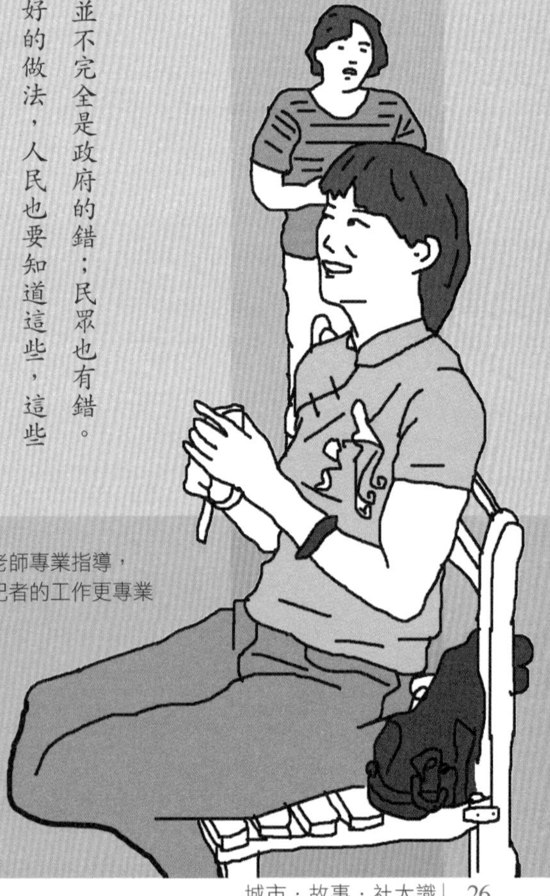

陳淑敏老師專業指導，
使公民記者的工作更專業

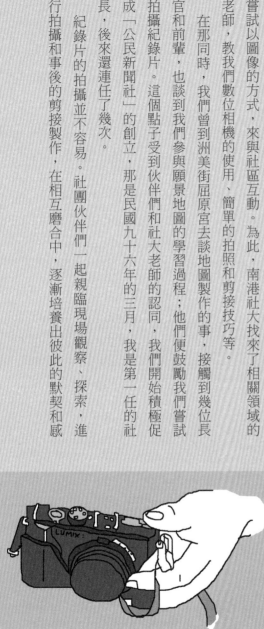

情，雖然過程中總有不斷的爭論，以及許多的堅持。民國九十七年，我們完成了一部評價不錯的作品《南港桂花情》。這部作品紀錄了南港大坑茶山茶農的生活，也希望能喚起大家對土地的記憶與情感；它是我們五個伙伴的心血結晶，分別是沉穩的Tina（李雲英）、精於剪接的卿卿（張素卿）、熱情的淑真（李淑真）、親切的阿佩（詹裕美），還有我這個大姐，我們五個人都六十歲左右，加起來將近三百歲，一輩子倒真沒想過自己可以拍紀錄片哩！

大家都稱鄧黃銀蓮「大姐」，社大公共議題的場合經常看到她以公民記者身分拍攝的身影

林明志是很積極推動河川關懷的社大老師

傾聽和陪伴：不只是記錄

「這幾個婆婆媽媽不只是去拍拍而已。人家家裡有幾個孩子，在做什麼、她們都知道……」

有一回公開發表作品，現場有一位是當導演的人，頗有共鳴。事實上，紀錄片的拍攝不只是架起錄影機、捕捉盡可能多的畫面而已；我們的拍攝，是陪伴、是同理，是設身處地的一種方式。

民國九十八年，我們再度來到南港山區，嘗試以女性的觀點描寫茶農的生活，它叫作《萌。蛻》。

講到挽茶真艱苦，背脊向天面向土。為著腹肚著愛顧，
茶園種在畚箕湖。
阿順伯阿種桂花，六十年前種真多。秋分白露挽一回，
順伯提去大稻埕賣。走到余氏ㄟ古厝，厝邊桂花種嘛
有。古早種來是真久，桂花作茶好功夫。

採茶褒歌．鄧黃銀蓮

我們拍攝的對象是余麗鳳女士，她也是文史導覽班的學生，後來因工作忙碌，沒有繼續來上課。我們好不容易找到她，但她一開始拒絕入鏡，畢竟是個人隱私，不想赤裸裸地公開心裡的痛，也推說她的兒子不會同意。後來我們試著跟她說，這種為了生活而打拚的精神很值

南港舊莊畚箕湖茶山

採茶場景

得分享出去，才得到她的同意。

余女士從小生長在舊庄畚箕湖茶山一帶，嫁給開靈車的先生，先生過世後，留下兩個年幼的孩子。當時娘家和母親要她回家，一方面可以幫她帶孩子，一方面也幫娘家種茶；偏偏第二年的時候，母親也過世了，狀況更是雪上加霜，除了兩個孩子，還加上一個患有精神障礙的大哥以及四個小妹，所有的生活重擔都落在她身上。

「呷苦就像呷補」，這些年來，她對這句話有頗深的體會。每天一大早，她便開始工作。要種茶、鋤草、採茶，偶爾接老公開靈車的工作，也兼做外燴。遇到農忙時，在沒有幫手的情況下，整天忙著茶山的農事，三、四千斤的茶心都是她一個人在做，還曾恍忽到差點拿殺草劑當白開水喝。這幾年，茶葉生意已經不好做，她主要做喜宴和喪事的外燴，也就是所謂的「總鋪師」，也幫忙做些婚喪喜慶的儀式等，加上兒子長大後，家計多一個人分擔，情況較以前好許多。

拍攝紀錄片的過程中，有一次，我們凌晨兩點多便同她出門工作；一整天下來，她的腳程都很快，絲毫不顯倦容，反而是我們這些人累得氣喘吁吁。還有一次，我們得知她要採茶，便一同去幫忙；採完了茶，也採油茶仔、苦茶等；除草的時候，我們也跟著去幫忙。另一回則是拍攝的時候，她說著說著，悲從中來，哭得好傷心；我們在剪接製作的過程中，謹慎地討論了好久，有人認為應該「**要有同理心。假如你和我講話，講到**

一家人忙著外燴工作

茶山的媳婦 余麗鳳

我的痛處，我不自覺地流下淚來，你會希望人家這樣赤裸裸地拍你嗎？要適可而止……」也有伙伴認為「不要利用她對我們的信任」。諸如此類的困惑和辯論，一再地考驗著我們的團隊，也一再地提醒著我們，要以人的關懷和同理心來做剪接的判斷和製作處理。

意外：紀錄片拍攝的辛苦與幸福

一直到《戲夢．人生》的完成，我們才算是有了技巧比較成熟的作品。民國九十八年，這部紀錄片參加「公民影像人才培力計畫」的比賽，獲得「評審團特別獎」，後來也在公視播出。

當時社大正開設關懷「外籍配偶」的課程，因此我們原本構思拍「外配」相關的題材；準備了好一陣子，就在對象和故事都已大致確定的時候，這位主角卻說公公婆婆不想讓媳婦拋頭露面，我們便被迫放棄。

後來是團隊中的Tina談到可以找另一位主角，並提供了這位潘女士的背景和我們討論。她叫作潘寶珠，第一回見面時坐著輪椅出現；她了解我們的想法後，便爽快地同意了紀錄片的拍攝。

二十幾年前，潘女士多才多藝，既會編織毛線等手工藝，也有一副好歌喉，是歌仔戲的票友，曾經和廖瓊枝學戲。民國九十三年十月五日的一場車禍，她被砂石車撞倒，車輪輾過雙腳，膝蓋以下幾乎全毀。接下來的日子，她掉入絕望中，「為什麼上天會給一個孝女這樣沒有腳？我心裡真的也不平衡」，一度想要自殺。「我就想……老天留我，一定有我的事情要去做。」這樣的信念，讓紀錄片中的潘寶珠重

開朗的潘寶珠

新活了過來，「像我這樣還能好好活著，再比較那些動不動就想自殺的人，我不就要死好幾次嗎？……」

由於曾經和廖瓊枝學歌仔戲，使她在失去雙腳後，仍然裝扮得漂漂亮亮、繼續演戲，偶爾也到林口長庚醫院演出，鼓勵許多病患勇敢堅強：「你們也可以像我一樣走出來」。面對鏡頭，她也很容易進入狀況、毫不怯場，因此我們的拍攝過程一直很順利，大約三、四天就幾乎拍完主要的畫面。

《戲夢．人生》正式在光明戲院放映，那是民國九十八年的十一月。我們在南港社大的成長之路，伴隨著紀錄片的畫面，一幕一幕地在腦海中閃過：學習攝影，練習寫文案，社大安排老師教我們剪接，也安排場合讓我們發表，邀請我們參加比賽……

紀錄片一支接著一支地拍，而我，總是第一個被這些畫面所感動，被每一個真誠而努力的生命所鼓舞。驀然回首，或許真正被陪伴的，其實是背著攝影器材、正往下一段路邁開步伐的我們。

潘寶珠賣她做的手工藝品

註：大姐Lotus本名鄧黃銀蓮，民國九十八年進行採訪時約六十三歲，是南港社大十幾年的老學員。這幾年她積極投身於公民記者志業，致力為社會付出。本篇鄧黃銀蓮的自述為作者整理。

內湖社大

內湖有夢，在夢想嘉年華

作夢．做夢

「我們是玩真的……這個過程花費一整個月的時間，很多感情和創意都在裡面，這是可貴的地方，也才是整個活動的重點，不只是遊行當天。」

——內湖社大　陳金讚

每到九月，內湖社區大學便在內湖高工的中庭搭起長長的遮雨棚。棚子下擺了工作桌、工具箱、櫥櫃等，每天擠滿不同的人在這裡一起製作各種道具、服飾裝扮、遊行花車等等，也邀請國外的藝術工作者前來指導、提供協助，為一年一度的「夢想嘉年華會」做準備。同時，社大伙伴們也開始印製傳單，廣邀社區居民、社區裡頭的高中和國中、小學，以及內湖社大各班級的師生共同參與；甚至還應邀前往部分學校進行宣傳和說明。

早在幾個月前，夢想嘉年華籌備會便在夢想基金會的辦公室開跑，參加的團隊包括夢想社區、內湖社大、中小學、村里辦公室乃至區公所，一同討論及決定遊行路線、構思彩妝主題，以至於共同製作道具、布置花車等。這個創意工程吸引了前來

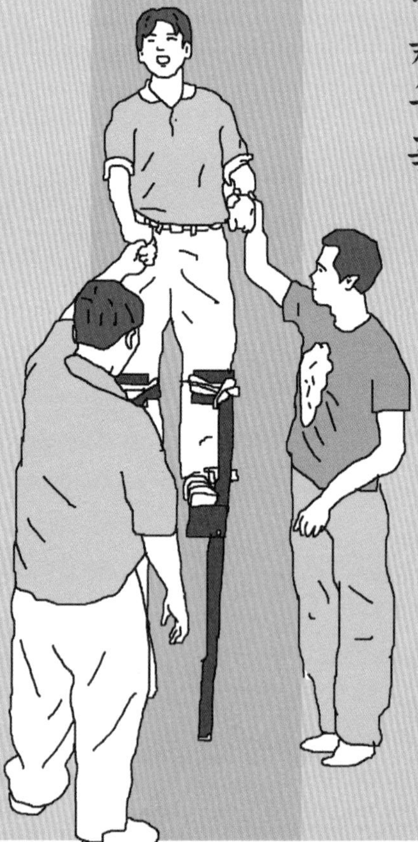

嘉年華會前練習踩高蹺的情景

夢想嘉年華會設在內湖社大的工作坊

在內湖社大內搭起
棚子供做工作坊

棚子
參與者正在棚子
裡製作道具
滿桌彩繪顏料
面具初胚
參加者找時間到棚子製作道具
以彩繪顏料上色

學員自行製作的面具初胚及成品

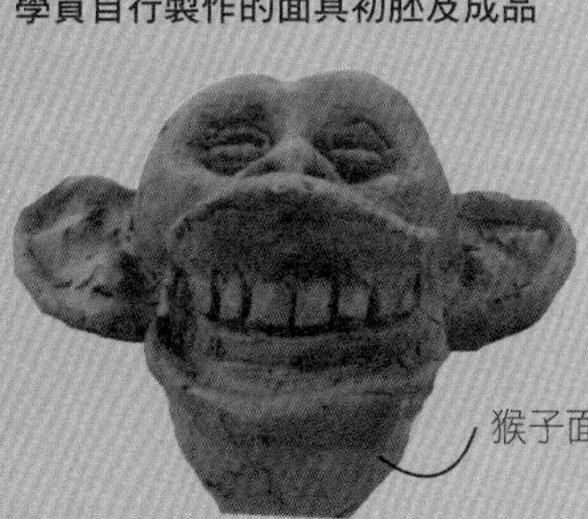
猴子面具初胚

已彩繪好的面具

孵夢的你和我，凝聚能量，開創多樣、豐富的遊行樣貌，參加人數更多達一、兩千人。

你可以看到一家人都畫了大花臉粉墨登場，人人佩帶著頗有架式的關公刀；有母女倆相伴參加，把拖板車喬裝成駱駝來騎；也有三代同堂的大小恐龍，浩浩蕩蕩地出場。社大也有老師帶著班上學員一起參與，或有兩個老師、兩個班級合作布置一輛花車；一些夥伴們玩久了，成為布置花車的高手，還能幫其他社區布置花車哩。

「（夢想嘉年華）不只當天熱鬧，過程也很有意義，能把藝術觀念、親子互動、動手做等想法和做法表現出來……」內湖社大副校長林金銘有感而發地說。

初遇嘉年華

民國九十一年，夢想基金會頭一次舉辦嘉年華會活動。當時內湖有一位文史工作者，叫作陳金讚，他對於和政治無關的遊行活動頗感好奇，便背著相機跑去現場一探究竟。

在遊行隊伍裡頭，有的人頂著誇張的大濃妝，有的人踩著高蹺，有的人赤裸著上半身扮演印度阿三，還有人體彩繪、各種特殊道具，以及漂亮華麗

經由陳金讚老師牽線，內湖社大進行了組隊前的會議

的花車。陳金讚從事社區營造工作多年，也為內湖寫了許多文史資料，卻從沒看過這樣的畫面：一群人，整個社區歡樂成這樣……相機的快門聲不斷地連續響起，情不自禁地喀擦喀擦喀擦，想要捕捉這個氛圍，留住這份歡樂。

隔年，陳金讚到內湖社大任職，適逢夢想嘉年華活動籌辦期間，主辦單位正向各界募集參加團隊，陳金讚便向內湖社大主任祕書張芳德推薦。於是張芳德來到汐止拜訪主辦活動的夢想文教基金會，和基金會蔡聰明董事長深談過後，當場決定組隊參加。

不過，內湖社大能夠派出什麼樣的團隊呢？張芳德心想：「我們三月才開課，現在班級不多，不過有中東肚皮舞課，李宛儒老師正在熱心推動肚皮舞，這個活動或許可以提供他們表演場所呢！」李老師一聽說有這樣的活動，立刻答應參加。

到了十月份，夢想嘉年華正式開跑。內湖社大由肚皮舞社領銜，還有「活動高手班」的學員前來助陣，同時也以埃及艷后為主題推出一輛花車，繞行汐止一圈。初次參與的張芳德很享受這樣的嘉年華會氣氛，就和夢想文教基金會董事長承諾來年會邀更多社大伙伴參加。

向社區民眾説明嘉年華會活動

內湖遊行「足」夢踏實

經過一次愉快的合作經驗，民國九十三年三月，張芳德和陳金讚受邀參加夢想嘉年華的籌備會議。夢想基金會的蔡董事長建議改變遊行路線，並且規劃在內湖的大湖公園會師：「從汐止夢想社區到大湖公園6.7公里，從內湖高工到大湖公園也是6.7公里，那裡空間寬廣，適合一起會師。」第一次，夢想嘉年華在內湖舉辦，也是第一次，內湖社大成為夢想嘉年華會的主要籌備單位之一。

遊行當日，其實是颱風前夕，好在眼前無風、無雨，很適合戶外活動，大伙兒的興致完全不受影響。一早，內湖高工已集結二、三十輛花車，以及手拿大小道具、裝扮奇形怪狀的人群等待出發。而張芳德正忙著用手機和另一端正待出發的汐止夢想社區團隊聯繫。

號令一下，隊伍即循著內湖路一段、文德路，往大湖公園走去。一路上有人推花車，有人揮舞著道具；有一群人一塊兒走，也有三三兩兩的零星參與者；大伙兒氣氛很high，妝扮誇張，十分引人注目。

走了一段路之後，不免開始感到疲憊，畢竟有的人一身裝扮重量不輕，有的人推著華麗的花車，也頗花力氣。就在這時，突然有人高喊著：「就在前面！汐止那邊的隊伍就要出現了！」「啊！看到了，是他們！」內湖社大的隊伍和夢想社區隊伍終於碰頭，這是難得的一刻，看到一樣奇裝異服的人們，看到對方精心設計的妝扮，看到一個個燦爛熱情的笑容，就像是久未見面的親人相遇，早先的疲憊一下子不見了。兩方會師後，士氣大振，接下來便一起循成功路往大湖公園走去……

肚皮舞者和踩高蹺小丑同街遊行

二〇〇四年夢想嘉年華會遊行片段

101忠狗造型的親友團花車

史瑞克造型的親子隊伍

扮成骷髏人的
是陳金讚

越做越大的夢

「活動結束後，大小花車都留在大湖公園內，本想要展示一陣子。但是隔天颱風來襲，把花車吹得一場糊塗……」芳德說，雖然颱風來襲吹垮了大家苦心完成的花車，但並未吹垮大家的興致。

民國九十四年、民國九十五年……每一年，夢想嘉年華都要出發。每一次遊行過後，大夥兒的信心更堅定，夢想也更大，天馬行空也可能成真！

民國九十六年，遊行的規模大轉變。當時蔡董事長邀請珍古德基金會一起參與夢想嘉年華遊行活動。經蔡董事長的建議，珍古德博士寫信給當時的台北市長郝龍斌，希望能夠在凱達格蘭大道上遊行，這個提議獲得市長善意回應。這一年，有六、七十支遊行隊伍、近千人從幸安國小出發，沿仁愛路到凱達格蘭大道，氣勢非凡。接著，民國九十七年，參加的團隊更高達一百五、六十支，陣容空前龐大。

行走的意義

你也許會問，為什麼要這樣子「走路」？遊行是為了什麼？但問題的答案可能會令人失望，那不過就是「不知道，就只是好玩」。又或者，如芳德所說：「我們目的是希望大家玩得開心。」這樣的回應，卻真真實實是

多年來，夢想嘉年華活動堅持不用政治和商業文宣，維持活動的單純

參與嘉年華會的感受。

「從民國九十二年開始，我們透過這樣的方式進行藝術社造，每年花很多心思，持續不斷地做出好的影響。這在捷運通車以後，內湖各項發展都很『新』，藝術社造對社區發展是很好的努力方式。『嘉年華遊行』的過程正引動這樣的風潮呢！」主任祕書張芳德說，他很喜歡內湖現在的樣子：「內湖地區越來越美，越來越有人文氣息，而不只是以商業發展為主的城市。這和這麼多年來，一直在推動的藝術營造活動有一點關係吧！」

當嘉年華會的遊行規模不斷擴大，生活美學和藝術融入的想法也得以源源不斷地擴散出去，發揮影響力。

你，有沒有夢想呢？

夢想基金會與嘉年華會遊行

「夢想文教基金會」是夢想建設蔡聰明董事長支持的基金會，而嘉年華會遊行可謂基金會每年最大型的活動之一。為了探究這樣的活動形式，蔡董事長經常往來國外，觀摩類似的活動，並從民國九十一年開始在自己營造的夢想社區邀請國外藝術家和社區居民進行小型的嘉年華遊行活動，隔年內湖社大加入，活動規模也逐年擴大；之後又有珍古德基金會的投入參與，更因此走上凱達格蘭大道。

夢想嘉年華會不同於政治性的遊行活動，盡可能減少政治人物致辭之類的做法，若有也是簡單邀請一、兩位，不占用太多時間。此外，為落實環保觀念，贊助廠商的logo「畫上去，彩繪就好，不要用印的」；遊行所使用的道具材料皆以回收品為主，例如舊報紙、寶特瓶、舊衣物等，讓這些被丟棄的物料能夠重新以令人驚艷的模樣出現。

中山社大

探詢〈望春風〉走訪李臨秋故居

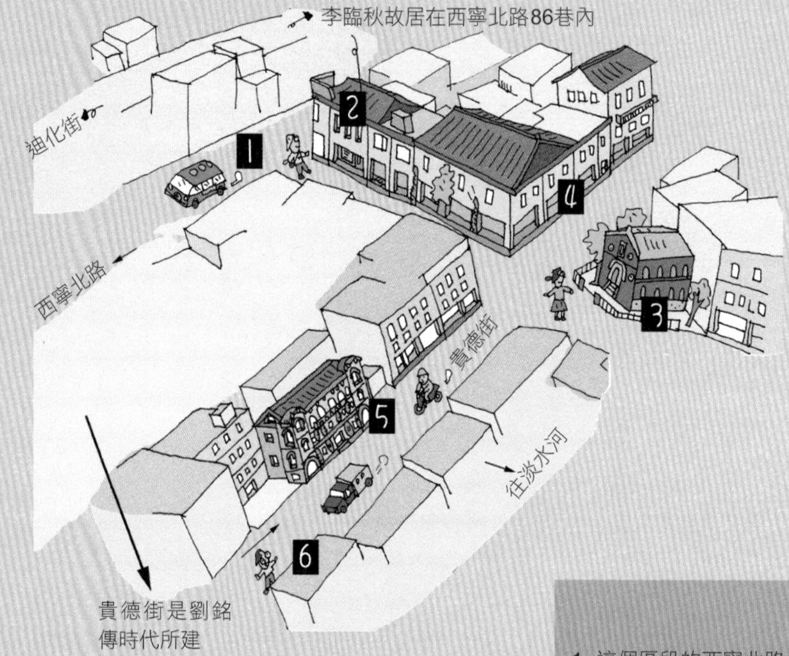

李臨秋故居在西寧北路86巷內
迪化街
西寧北路
貴德街
往淡水河
貴德街是劉銘傳時代所建

1. 這個區段的西寧北路早期有來自台北城的河流流過。
2. 李臨秋故居。
3. 李春生紀念教堂。
4. 蔣渭水曾在這裡開辦民主講堂。
5. 陳天來故居。
6. 李臨秋年輕時的住所，後來被拆除。〈望春風〉一詞在這裡創作。

望春風

詞：李臨秋　曲：鄧雨賢

獨夜無伴守燈下　冷風對面吹
十七八歲未出嫁　當著少年家
果然標緻面肉白　誰家人子弟
想要問伊驚歹勢　心內彈琵琶

思欲郎君做尪婿　伊愛在心內
等待何時君來採　青春花當開
聽見外面有人來　開門該看覓
月娘笑阮憨大呆　被風騙不知

忘·春風

三〇年代的台灣，民風保守，婦女的社會地位也相當低落，當時李臨秋卻想寫一首歌，一首說出女性內心獨白的歌，也就是今日大家仍朗朗上口的〈望春風〉。〈望春風〉從民國四十四年傳唱至今，甚至當今樂壇上的流行歌手陶喆、豬頭皮等還重新譜曲、翻唱，賦予老歌新風貌。

李臨秋過逝後，其故居靜靜地矗立在現今台北市大同區西寧北路86巷的角落，鮮少有人注意。西寧北路東鄰迪化街、西鄰貴德街，貴德街再過去便是淡水河，這個區域屬於「大稻埕」，是過去通商河運港口的精華要塞，從清朝劉銘傳時代到日治時期，一直都是台北最為繁華的地區，內有巨賈李春生及陳天來的故居、辜顯榮鹽館、蔣渭水演講的場所、清朝郵電局舊址、大稻埕碼頭等。

民國九十八年，「李臨秋故居」正式開放，其中展示了〈望春風〉及多首歌詞作品的手稿，以及李臨秋生前的生活起居器具等，直到此時，李臨秋和大稻埕的因緣才開始為人所知。

與遺忘相遇

歷史的記憶是張殘破的大網，撈起了耳熟能詳的歌謠，卻撈不起動人歌詞的來由。直到機緣的降臨，李臨秋的兒子李修鑑和中山社大的一群愛鄉人，交織出新的線索，將破網一點一滴慢慢縫補上……

民國九十七年，退休多年的李修鑑，在太太催促和陪伴下，來到了中山社區大學選修吳智慶老師「文史采風班」課程，跟隨著吳老師的腳步，走過台灣許多土地，包括參與基隆河河川遊歷、平埔族祭儀等。

「……（起先）吳老師並不知道我父親是李臨秋。後來，在劍南山步道活動中，我們才有機會長談，他才知道我是李臨秋的兒子。」

吳智慶本身為山水文史工作室負責人，是資深的文化工作者，對台灣各地的文化、歷史典故、平埔族都有深入研究，也曾推動七股溼地的保育、平埔族文化重建

李修鑑感念父親在台灣歌謠創作的貢獻，也希望整理已經無人居住的西寧北路故居

運動，以及台北老樹保存等工作。除了文化探索，吳智慶也是長期投入公民事務的實踐者，從民國九十三年開始在中山社大教「中山采風導覽課程」，訓練在地文史解說員；也協助中山社大舉辦「牛埔文化節」，並與區公所合辦「認識家鄉」，共帶領六十餘場戶外教學活動。民國九十七年，吳智慶協助李修鑑完成了李臨秋百年紀念活動，是社大裡頭少數兼具在地文化歷史專業與公民實踐的教師；同時，也一圓李修鑑沉潛多年的夢。

「……（我）長期從事貿易工作，國外到處跑，工作餘暇也會參加父親和朋友的聚會……王昶雄他們成立一個益壯會，父親經常參加他們的活動。父親去世後，王昶雄要我代替父親參加……父親朋友過世後，我還是會出席藝文朋友的聚會，他那些藝文朋友都叫我老六，因為我在家排行第六。」

年輕時李修鑑忙於他的貿易本業，偶爾參加父親藝文界朋友的聚會，對父親及其在外的行誼體會甚多，也熟識本土文化和台灣歌謠。父親去世後，他意識到父親在台灣歌謠創作的貢獻，也希望整理已經無人居住的西寧北路故居，讓更多人參觀，但是找不到機緣，就放在心裡，沒有實際行動。在中山社大上吳智慶老師的課，訪視社區和其他地方，李修鑑蟄伏心中的本土情懷終於找到機緣和可以實踐的動力，而投入李臨秋故居的整理和開放，也開啟了李臨秋百年紀念的系列活動。

吳智慶本身為山水文史工作室負責人，是資深的文化工作者，也是長期投入公民事務的實踐者。

李修鑑偶爾參加父親舊友，也就是〈阮若打開心內的門窗〉作詞者王昶雄等人的聚會，王昶雄總喚李修鑑老六。

眾人齊心的李臨秋百年紀念系列活動

民國九十七年，在一次邀請蔣渭水基金會副執行長黃信彰撰寫李臨秋的專書時，提到許多人不太確定李臨秋的故居在哪兒，提議可以在李臨秋故居門口置放一塊匾額。這樣的建議，聽在熟識文化產業行銷的吳智慶耳中，又有另一番想法：「掛匾，不只是掛上去，還可以發揮更多效益」，他認為可以進一步擴大掛匾活動，使李臨秋的風範被大家知道。

李修鑑同意這個看法，若要擴大參與，有官方挹注資源會更圓滿，且隔年將適逢李臨秋一百歲，這個時候或許可以做些什麼；若能得到媒體和市政府的支持，效果會更好。不過，吳智慶也意識到官方做事的慣習，處理不好會很形式化，而李臨秋和家屬將得不到尊重。所以必須找對在地文化向來用心的台北市政府官員才行，於是請來了台北市二二八紀念館館長謝英從一起討論這件事：

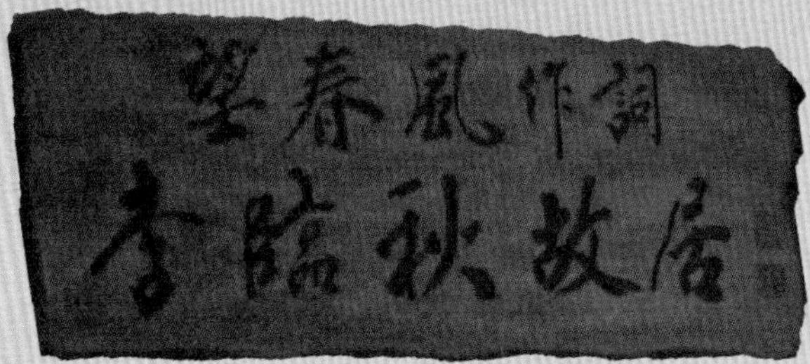

掛匾「不只是掛上去，還可以發揮更多效益」，吳智慶認為可以進一步擴大掛匾活動，使李臨秋的風範廣為人知。

促成李臨秋百年紀念系列活動的三個關鍵人物

「英從是不錯的人。他是歷史研究者，又熟悉台北市政府各項文化工作。他有個優點就是可以榮耀別人，做這樣的事若處理不好只是官方的棋子，家屬和李臨秋得不到尊重。我們相信英從。」

就這樣，為了李臨秋故居和相關規劃，三個人經常一起討論。從第一年的掛匾、現場解說、故居整理，到第二年的李臨秋百年紀念系列活動、出書，以及李臨秋紀念公園的確立，都有完整的規劃在進行。

到了民國九十七年十一月，李臨秋故居正式掛匾。當時大家對李臨秋故居不熟識，經費也不足，吳智慶向中山社大說明此事，中山社大全力支持，找來社大合唱團到場演唱，李修鑑和吳智慶還自己花錢印海報，吳智慶找來中山社大及其他社大伙伴約數百多名前來助陣，台北市文化局長李永萍也應邀出席，場面熱鬧溫馨。

第二年，李修鑑和他的兄長們一起出資整理故居。四月二十二日李臨秋生日當天，開放故居參觀，也辦展覽、出版CD書等系列活動；在此同時，台北市長郝龍斌也前來致辭，還在二二八公園露天劇場辦李臨秋百年紀念音樂會。

經過這一連串活動，「李臨秋」更為人熟識，附近居民及關心文化、歷史的民眾更了解李臨秋一生的行誼。這之間，為了活化李臨秋及貴德街的文化空間，吳智慶還辦了好幾場現場導覽活動：「導覽時我們都會教唱望春風。」除了吳智慶進行解說，李修鑑也會參與。李修鑑從小在大稻埕長大，觸目所及都是童年長大的場所，解說起來份外有情感；吳智慶也是大稻

為活化李臨秋及貴德街的文化空間，吳智慶還辦了幾場導覽大稻埕活動：「導覽時我們都會教唱望春風。」

埕人，且熟悉台灣山川土地，視野寬廣弘大，解說時旁徵博引，頗為深入。

經過民國九十八年前半年，李修鑑忙於李臨秋百年系列活動以及李臨秋故居整修、開放參觀，獲得良好的反應；接下來，就是要為李臨秋找到紀念公園。李臨秋老年時經常到大稻埕碼頭附近喝茶、看風景，本來的構想是就近找適合的地方做紀念碑及空間之類的，但是有人提醒該地在堤防外，颱風時容易淹水，就另外選擇地點，後來決定選在距離碼頭不遠的大稻埕公園。九十八年十二月十九日，各項設施完成，正式對外開放啟用：「我們先做導覽，再用踩街方式，邊走邊唱歌來到這裡……」

「來到這裡」，意味著什麼？或者，探詢遺跡、回顧歷史對我們來說，有什麼樣的意義？「這裡」，不只述說著李修鑑的「夢」，也見證著一群在地人尋根溯往的生命動力，以及探詢自身和這塊土地的牽連。

以前李臨秋就住在二樓
大夥在牆下巷子口前活動很有氣氛
匾額
1930
絕版
成果發表會

李臨秋故居正式掛匾。當時大家對李臨秋故居不熟識，經費也不足，吳智慶找來中山社大及其他社大伙伴約數百多名前來助陣，還與李修鑑自費印海報，台北市文化局長李永萍也出席，場面熱鬧溫馨。

故居巡禮

這一天，我們與李修鑑先生相約在西寧北路86巷的故居會面，這裡有他的童年回憶，也是李臨秋終老之處。回到這個地方時，現年六十三歲的李修鑑一再回味過往巷弄街角的童年趣味：「以前在這裡生活，每天上學都走這裡到永樂國小，每一個巷弄都很熟悉」，對於父親與自己的回憶也從這裡開始娓娓道來：「我父親坐在這張椅子上寫〈望春風〉、〈補破網〉的歌詞」。一談到父親，李修鑑整個人都神氣起來，彷彿回到備受呵護的童年時期。

「喝醉酒回來時，父親和藹可親，在外面一直叫著我母親的名字，說：『我回來了！』父親一路上都沒有醉，臨到家門口才醉倒。我們小孩子知道父親回來，都衝出去，哥哥牽孔明車、我拿拖鞋，這時候要錢很容易；我也趁機向父親要錢。」

憑窗眺望故居樓下景緻，彷彿看到五十幾年前李臨秋歪斜身子牽著單車往這邊走來：

李臨秋過逝後，其故居靜靜地矗立在現今台北市大同區西寧北路86巷的角落，鮮少有人注意。這個區域屬於「大稻埕」，是過去通商河運港口的精華要塞，從清朝劉銘傳時代到日治時期，都是台北很繁華的地區，內有巨賈李春生及陳天來的故居、辜顯榮鹽館、蔣渭水演講的場所、清朝郵電局舊址、大稻埕碼頭等。

李臨秋舊宅大廳簡圖

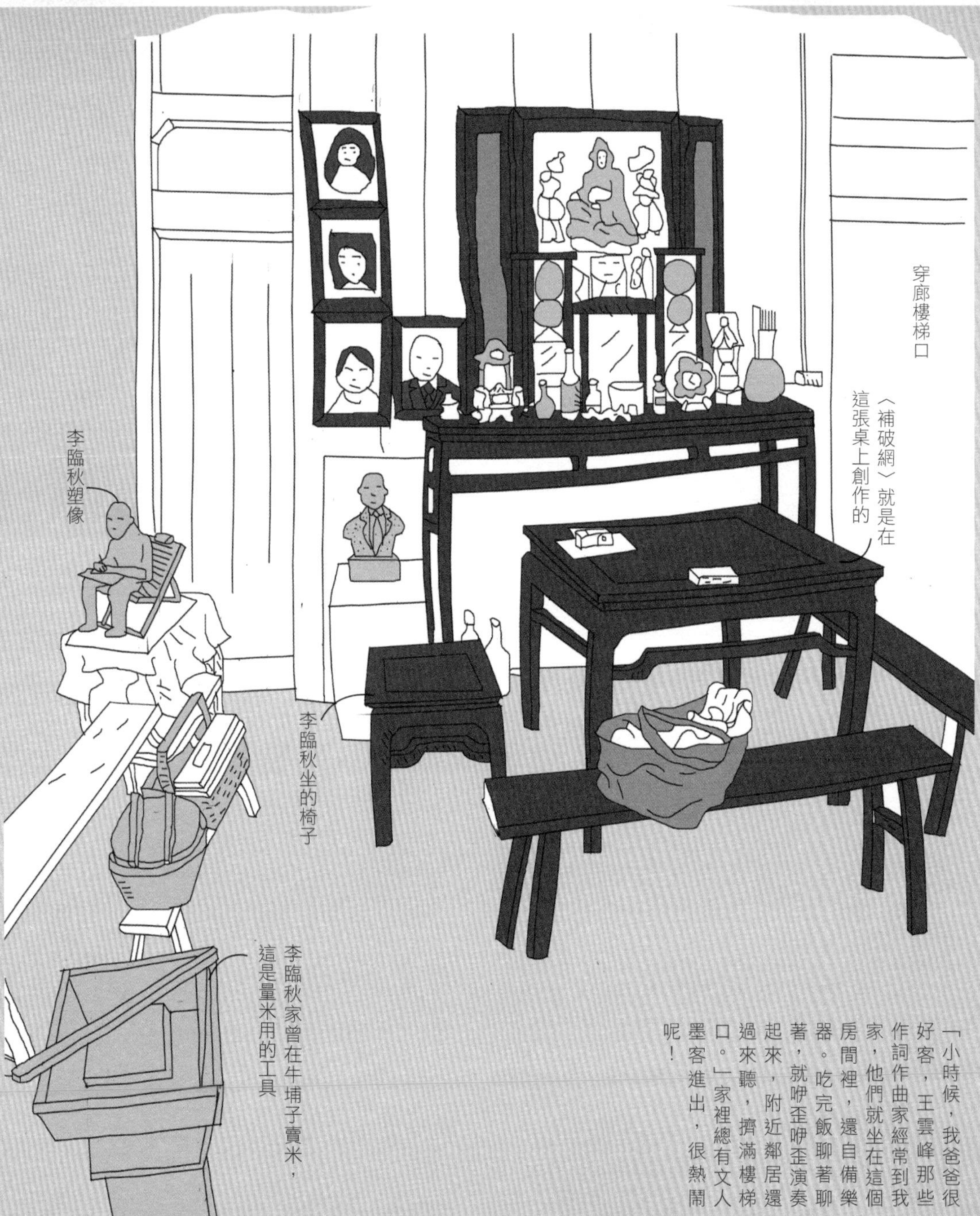
穿廊樓梯口
〈補破網〉就是在這張桌上創作的
李臨秋塑像
李臨秋坐的椅子
李臨秋家曾在牛埔子賣米，這是量米用的工具

「小時候，我爸爸很好客，王雲峰那些作詞作曲家經常到我家，他們就坐在這個房間裡，還自備樂器。吃完飯聊著聊著，就咿歪咿歪演奏起來，附近鄰居還過來聽，擠滿樓梯口。」家裡總有文人墨客進出，很熱鬧呢！

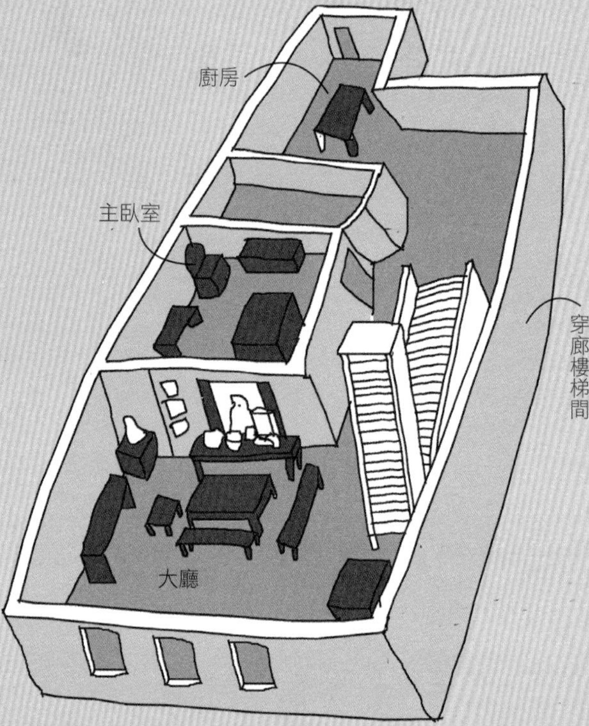

位於二樓的居家空間

「小時候，我爸爸很好客。王雲峰那些作詞作曲家經常到我家，他們就坐在這個房間裡，還自備樂器，什麼大工弦、涼珖、提珖之類的。吃完飯，也吃水果，聊著聊著，就咿歪咿歪演奏起來，附近鄰居還過來聽，擠滿樓梯口。」

「父親很愛找藉口喝酒。那天他要我媽準備米酒一打，說要填〈補破網〉的曲子，這是在家喝酒的好理由。王雲峰一來，兩人坐在這張桌邊，姿勢擺好，先喝一杯，再來個兩三聲，改一改，又喝。他們對『今日若將這來放，是永遠無希望』這句話中的『無』很有意見……最後確定那個字時，已喝完一打米酒了。」

聆聽李修鑑的種種童年回憶，房間氣氛變得很不一樣，彷彿桌子、窗戶、茶几都活了起來，活在李臨秋在世的時代。原來一個有故事、有前人生活的地方可以這樣演繹，這樣讓後人緬懷、體會。原來，〈補破網〉是在這樣的情境下創作出來的。李臨秋故居的空間、李修鑑的童年回憶，以及〈補破網〉的曲子，都在這方空間裡發生，這是個有力量的空間，有感染力的故居，也有歷史情境，有生命情懷，以及對古早生活情境的想像……

聆聽李修鑑的種種童年回憶，房間氣氛變得很不一樣，彷彿桌子、窗戶、茶几都活了起來，回到李臨秋在世的時代。

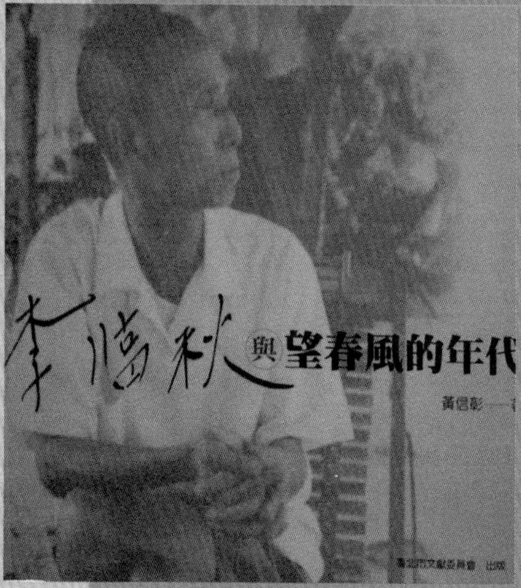

李修鑑轉述李臨秋的一段話：「做為一個作家或藝文工作者，有責任把當時情況反映在作品裡，流傳給後代，這是做一個文藝界人士應該盡的責任。」

那個〈補破網〉的年代

「〈補破網〉是因為對那個白色恐怖的時代氣氛有所感觸才做的。我父親一九〇九年出生。二二八那一年。他四十歲左右，從日本時代到國民政府來的種種措施，他看得很清楚。當時的台灣真的很不好，所以創作了〈補破網〉。歌詞中有這樣的一段話：『見到網目眶紅，破個這麼大洞……』」

一路上，李修鑑談到李臨秋寫〈補破網〉當時的情境，他說：

「那個時候社會很破碎，人心惶惶，政治不穩定，國民黨軍隊看到喜歡的就搶，知識分子很想努力，卻很無力。沒辦法；將來也沒有希望，所以寫了〈補破網〉這首歌。寫好的〈補破網〉原來並沒有最後的『魚入網，好年冬，歌詩滿漁港；阻風雨，駛孤帆，阮勞力無了工』這一段。整首歌都很悲情……後來〈補破網〉搬演舞台劇，造成轟動，接著拍電影，電影拍完新聞局不發給執照，說〈補破網〉太悲情了。不得已，父親才再增加最後一段表達歡樂場面的歌詞。所以〈補破網〉第一、二段很藍調，第三段很圓滿。父親是被迫寫出第三段的歌詞，他過世前還說第三段不要唱。」

談到這裡，李修鑑轉述李臨秋的一段話：「做為一個作家或藝文工作者，有責任把當時情況反映在作品裡，流傳給後代。這是做一個文藝界人士應該盡的責任。」李臨秋創作出具深刻時代意義、打動眾多人心的〈望春風〉、〈補破網〉等歌謠，他的視野、遠見具有世界性、民族性。

李臨秋所在的生活空間位在當年台北啟蒙運動的中心，有蔣渭水倡議的台灣文化協會，有李春生、陳天生等具備國際視野的商人，又有洋行四處進出，透過〈望春風〉、〈補破網〉的傳唱，訴說了他所處的時代處境，以及當時人們的想法。

走出李臨秋故居，轉個彎，沿著貴德街漫步，尋思日治初期前後的碼頭文化，想像蔣渭水新文化運動的時代氛圍；佇立陳天來故居門口，仰望巴洛克式的富商民居空間；接著來到大稻埕碼頭遠眺淡水河景緻，走過辜家鹽館、憑弔辜顯榮和他的時代。轉到大稻埕公園，公園入口不遠處偏右側，有一李臨秋銅像，旁邊還有數位看版，看版為數位螢幕，每小時播放十五分鐘介紹李臨秋的影片和歌謠，旁邊還有告示牌呈現李臨秋歷來創作的歌詞。站在這方空間，一邊瀏覽牌示上的歌詞，一邊欣賞李臨秋的銅像，偶爾螢幕出現〈望春風〉的歌謠以及影片，還頗富李臨秋情味呢！「我父親在第一劇場工作五年，就在對面那棟大樓，這一帶算是對父

歌曲自動播放機

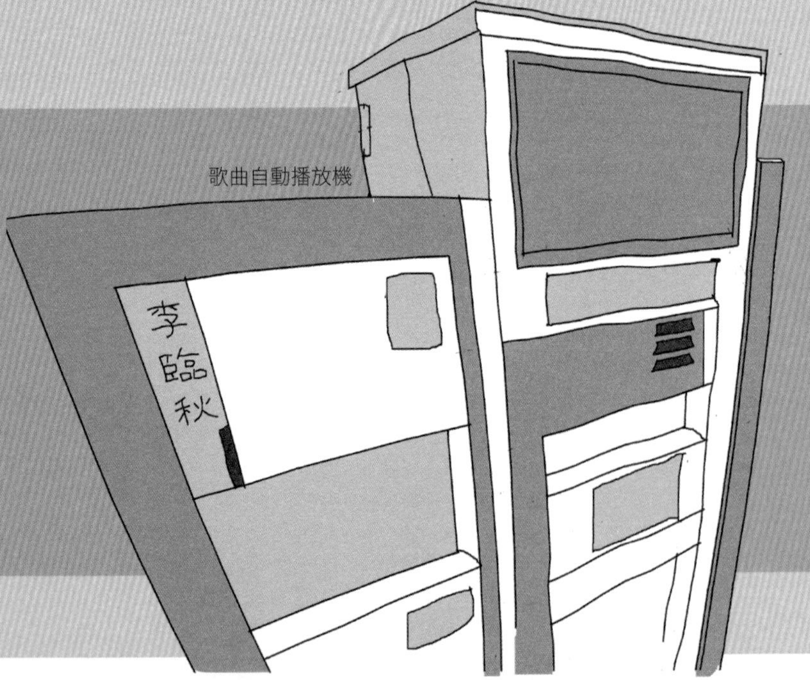

公園入口不遠處，偏右側有一李臨秋銅像，旁邊還有數位看版，每小時播放十五分鐘介紹李臨秋的影片和歌謠，旁邊還有牌示呈現李臨秋歷來創作的歌詞。

親有意義的所在」，李修鑑一邊說著，一邊指著不遠處有帷幕大樓的地方……

這些蒙塵的台灣原生記憶，現在漸漸地被整理出來，除了有黃信彰先生所著的專書《李臨秋與望春風的年代》，李臨秋的故事也在網路上廣為流傳。

關於李臨秋

生於一九〇九年，年輕時任永樂町永樂座戲院職員，因緣當時電影需要，填了〈懺悔〉、〈倡門賢母〉等歌詞，後來又寫了〈桃花泣血記〉歌詞，很受歡迎。一九三三年完成〈望春風〉歌曲，大受歡迎，也成為台灣最受歡迎的歌謠之一。這中間還創作〈一個紅蛋〉、〈四季紅〉、〈補破網〉等知名歌曲。一九六〇年他任職的永樂戲院被拆除，即不再創作，僅在一九七七年發表〈相思海〉。一九七九年逝世。

李臨秋故宅中保留父親做生意用的錢櫃

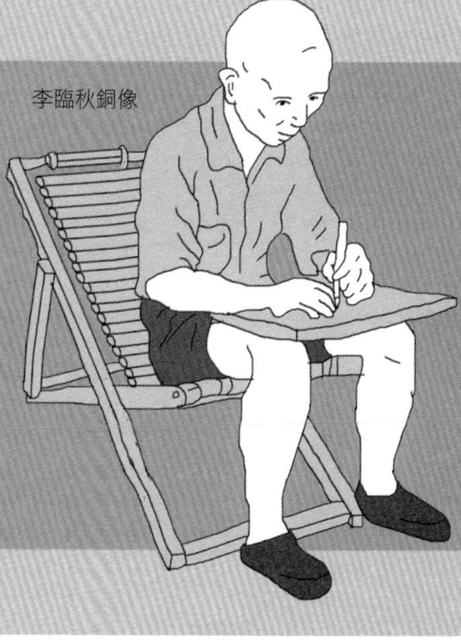

李臨秋銅像

大同社大

播快樂的種子，讓歌聲遠颺

日本歌星小林旭進演藝圈後，在某個機緣之下認識了當紅藝人美空雲雀，便追求她；小林旭比美空雲雀年輕許多，他們是姐弟戀。兩個人在一起之後，小林旭接著紅了，演藝工作也跟著忙碌起來。小林旭人長得帥又風流，常傳緋聞，美空雲雀便和他離婚，但兩個人仍情牽彼此。後來美空雲雀過世，小林旭因此過著消沉的生活，有位作曲家便為小林旭寫了這首〈酒杯情〉……

一首歌，一段情

近十年來，教唱每首歌之前，我必定先上網查閱相關資料，例如蔡小虎翻唱的〈酒杯情〉，是作曲者為原唱小林旭先生所寫的

「國台語技巧教唱班」上課情景

歌；這段故事能帶給我們畫面和想像，讓大家自然而然親近歌曲、融入情境，而唱出歌曲中蘊藏的內涵和心情。

站在台上當老師、教學生唱歌，大約是民國九十年之後的事情。當時在朋友介紹下，來大同社大投履歷，開授「國台語技巧教唱班」，我可說是從這裡『起家』的。直到現在，我對第一次上課的情景仍然印象深刻，那是民國九十四年三月六日星期五，教室在樓上，沒有電梯，我一個人背著大台的keyboard爬上樓。第一天上課，只有八個學員。

一位歌者，一個故事

我在台中后里眷村長大，是外省第二代。家裡頭信奉天主教，從小家中充滿了祥和的氛圍；我除了勤練鋼琴，也熱愛歌唱，國中代表學校參加歌唱比賽，獲得第一名。高中畢業後，我選擇就讀大學音樂系。

民國七十二年，我念大二，因為同學的姊姊要出國，找我去西餐廳代班自彈自唱，沒想到頗受聽眾喜愛，獲得長期在西餐廳駐唱的機會，一直唱到畢業，這可以說是我人生當中非常重要的轉捩點。

畢業後，為了爭取到當時著名的「白雪舞廳」的駐唱機會，而報名參加歌唱檢定。

檢定考那天，每個人要唱兩首歌，一首是自選曲，另一首指定曲要用抽的，我抽到第五號，指定曲是我根本不會唱的〈白雲故鄉〉。主辦單位接著發給我們指定曲的歌譜，還好我是音樂科班生，識譜能力很

當年餐廳若無樂隊伴奏，歌手們常抱著吉他自彈自唱，彈吉他因此變成許多歌手的「必備技能」。

劉台蘭老師

強，我趁前四位在唱歌的時間，把歌譜中的旋律和文字牢記心裡；輪到我上台時，便不慌不忙地唱出來。成績公布的時候，我是所有參加檢定的人當中，分數最高的。

當時的白雪大舞廳真棒！晚上有二十四人編制的樂隊，白天則是十八個人，在那裡唱歌，感覺像被音樂的森林所包圍，什麼樂器都有：小喇叭兩部、伸縮喇叭兩部、薩克斯風、中音薩克斯風兩部、低音薩克斯風兩部、鋼琴、夏威夷琴……

除了白雪大舞廳，我也在台中大酒店駐唱，幾年後，又在朋友的引介下，轉往台北駐唱。那時候，每天要唱十場，白天唱華都舞廳的香檳舞、仙樂斯的舞

劉老師大學畢業後即登台駐唱，美好的歌喉及清純的氣質非常受到聽眾的歡迎

劉台蘭老師非常享受在舞廳唱現場的感覺

茶，晚上唱西餐廳、PUB，再晚點唱舞廳、飯店；有些地方唱較老的歌，有些要唱較流行的歌。唱歌時不能看譜，有些地方還要求定期換新歌，例如這一週唱十六首歌，下一週得唱另外十六首歌。

曾有朋友建議我往更大的媒體舞台發展，例如朝「發片歌手」的方向努力，我甚至已經錄製了發片用的Demo帶；後來我想，萬一發片後觀眾反應不如預期，很可能連帶失去當時各大小場次的舞台機會，便打消念頭。

大約到了民國九十年，我接受友人邀約，到民生社區歌唱班代課一個月。當時非常流行卡拉OK，也就是說，我們不只聽別人唱，自己也試著把心中的體會、感覺唱出來，在朋友的陪伴下，大家用歌曲交流、切磋。接著，你便可能會問：怎樣能唱得更好？怎樣唱會讓人更有感覺？假如能有好朋友互相學習，或者有老師指點，會不會更好？

而在此同時，歌廳舞台的生意卻已不如以往熱絡，或許這是我該換跑道的時候了。

卡拉OK開始流行後，每個人都有機會在有伴奏的情境下，唱自己喜歡的歌，抒發內心的情感。

一份師生緣，一抹人間情

在社大教課的第二週，學員人數慢慢增加到十八人；到了第二學期，學員人數增加到三十幾人。後來，我也陸續在其他地方開班，像北投社大、鄰里活動中心以及正聲廣播公司等，現在，每週有一千名以上的學生跟我一塊兒唱歌。

令人振奮的是，社大學員們不但迴響熱烈、學習認真，參加歌唱比賽也屢獲佳績，例如正聲廣播公司的歌唱比賽，大同社大的學員已經有三屆榮獲第一名；北市社區大學的歌唱比賽，也榮獲第一名；最近期則是九十九年三月二十一日台北市政府新聞傳播處在二二八紀念公園主辦的「歡唱一百點，台北最正點」歌唱比賽，由大同社大的王碧琪學員以一首〈唱響生命的樂章〉勇奪冠軍，社大師生皆欣喜若狂、齊聲同賀，張校長也特別指示擇期頒獎鼓勵。

大同社大學員王碧琪以一曲〈唱響生命的樂章〉，勇奪歌唱比賽冠軍，指導老師正是劉台蘭

師生之緣不僅讓我感到充實、快樂、有成就感，也讓生命充滿力量。記得曾有位阿嬤，當時喪偶將近一年，始終走不出來，里長不斷請志工鼓勵阿嬤外出交誼；後來志工邀阿嬤到我的班上課，課堂上我鼓勵她站上台唱歌，她說不敢，我便請班上的「救火隊」、也就是熱心學員陪她一起唱。她跟著大伙兒一起把歌唱完，那一瞬間，阿嬤立刻抱著我大哭……

又有一次，有位學員帶著先生來社大，她先生剛從職場上退休，無所事事，所以她邀先生一起學太極拳，但先生沒有興趣。趁著太太練太極時，這位先生跑到歌唱教室外面看大家上課，一整節課下來，我們笑的時候，他也跟著笑。中間休息時，他告訴太太想學唱歌，太太就到我們班上打聽，當時班長告訴她額滿了。太太不死心，拉著我到旁邊，說她先生退休後沒事做，拉他打太極也不願意，拜託我讓她先生上課，不然這樣下去，待在家裡遲早會生病。我二話不說，答應了太太的請求，幫他們領了報名表。

還有一次，是一對夫妻一起報名學唱歌，夫妻間因為有了新的話題，感情更增溫哩！我教的歌曲中也有很多流行歌，學員們回家後便教家人唱，兒子、女兒也一同加入，例如前陣子教蕭亞軒的歌，親子一起唱，家人之間備感溫馨！

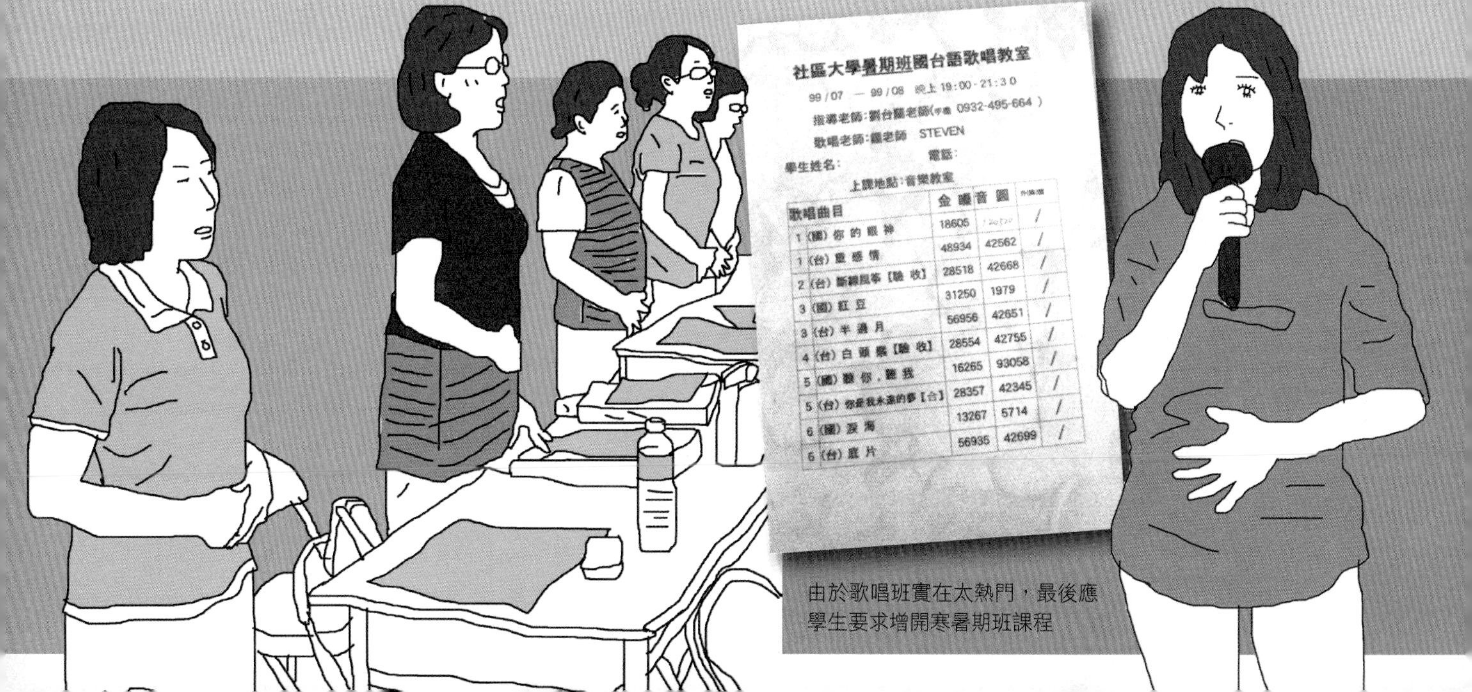

由於歌唱班實在太熱門，最後應學生要求增開寒暑期班課程

做快樂的天使，播我的快樂到各地方。這是我的工作，更是志業！

那一天，我到石碇放天燈，在天燈上頭，我寫下了「做快樂的天使，播我的快樂到各地方。」我在故事裡頭說人生，也在人生當中讀故事；教唱對我而言，已經不只是一份工作，更是一生不變的志業。

（本文由台北市大同社區大學劉台蘭老師口述，作者整理）

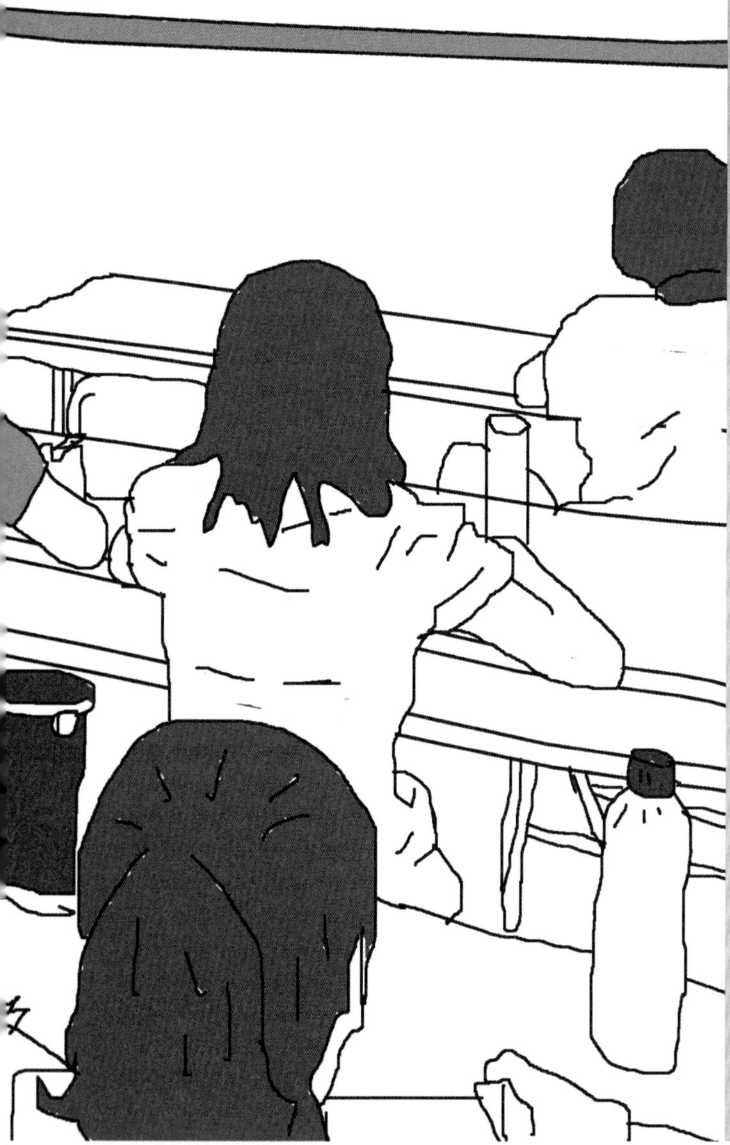

即使現在每週有上千名學生跟著劉台蘭老師學習，劉老師仍兢兢業業，耐心引導每一位學員

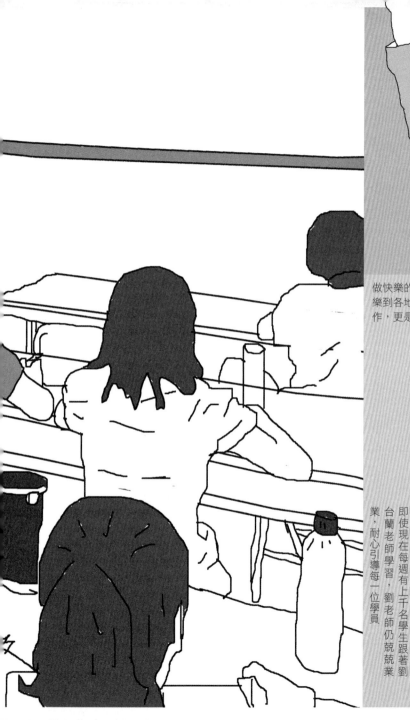

第二部

環境生態、公益精神

獻木松山，公益修繕

一

小時候家裡窮，我國中剛畢業，就被送去當木工學徒。

念小學前，我家住台南七股，父親在外地打拚賺錢，家中大小事都由母親打理。家裡雖然有地種田，但土地貧瘠，謀生不易。那時種蕃薯葉來賣，但我們只能吃掉在地上、發黃發皺的葉子；母親也賣蕃薯籤，蕃薯削成籤後，有時候會潮溼發霉，只有這個時候，我們才有得吃。那時候，冬天冷颼颼，沒有棉被可以蓋，只好用瓊麻做成布袋當棉被，睡覺時總被麻扎得又刺又癢。

小學一年級，父親回家團圓，我們全家搬到台北，住松山區；念完國中後，我開

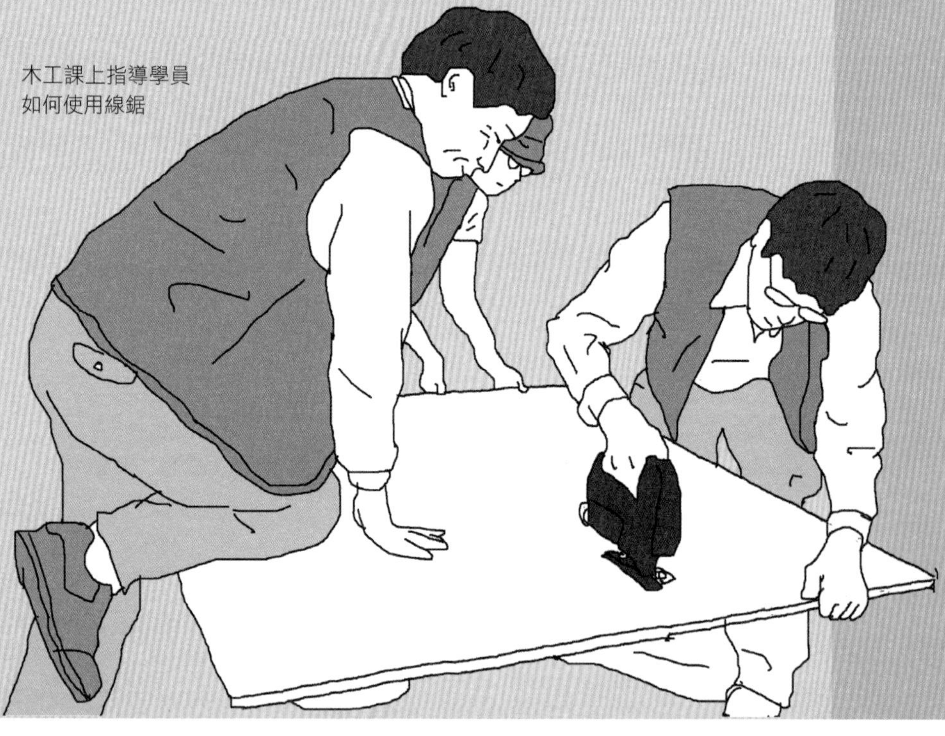

木工課上指導學員
如何使用線鋸

始學做木工。那時什麼也不懂，人家怎麼說、我就怎麼做，從不敢反抗。我跟過幾位師傅，第一位住松山區，我每天一早騎腳踏車到師傅那裡學做裝潢，師傅一個月給我三百元學徒津貼。後來我到板橋長江路那邊學做室內家俱，剛開始會被欺負，有一次師傅的朋友騎摩托車載我到工地，當時下著雨，他穿著雨衣、故意騎很慢，我卻沒有雨衣，淋了很久的雨；當時年紀輕，也不知道計較，但心裡頭很不舒服，我暗暗告訴自己，哪天要是有人向我學木工，我一定好好照顧人家。

退伍後，我成為專業的木工師傅，收入比一般上班族好，生活也較為改善；接著，民國八十年，我考取了內政部的門窗木工證照。只是當年，考照這回事屬於對自我的肯定，對工作和收入沒太大幫助；反倒是近幾年挺流行考照，特別是我這一行的裝修木工證照，對工作業務拓展頗有用。

近幾年流行的不只考照，還有電腦。同樣是包工程，當我吃力地一筆一畫刻著歪歪斜斜的估價單，卻驚覺別人的估價單是以電腦打字，整齊又專業。

那時家裡頭收到南港社大的宣傳單，我開始想，自己應該去學個電腦。問題是，我這麼老的學生，老師收嗎？我這把年紀，會不會被大家笑、被同學嫌？更何況，坐在教室裡上課，已經是離我十萬八千里遠的事情了，我真的行嗎？

學員自己做的櫃子

二

結果，那天走進陳淑敏老師的電腦課教室，驚訝地發現，我是「年輕人」！班上一大堆同學年紀都比我大，老師也配合「大家」的學習速度和狀況，慢慢講、慢慢教，一步一步來。

學生當著當著，漸漸認識社大這種特別的學校，也驚艷於這裡可以開許多奇奇怪怪的課。既然如此，我何不來當個老師、教個木工？就算現在沒有社大聘我，這個點子也頗有趣，我可以先搜集資料、編寫教材、製作教具……

想做的事情很多，花的時間當然不在少數：寫講義就要足足三個月，接著我學的電腦也派上用場，打字花了六個月，然後還要製作教具……我煞有其事地準備了一整年，把寫好的課程大綱和相關資料放入信封袋，用掛號寄給兩所社大，希望爭取到社大任教的機會。不久之後，好消息傳來：我成為講師了，在內湖社大！

後來我才知道，我那堆課程大綱和資料，其實可以用Email傳給社大，不用印那麼一大疊。果然，學海無涯，我到現在還繼續當學生、上電腦課。

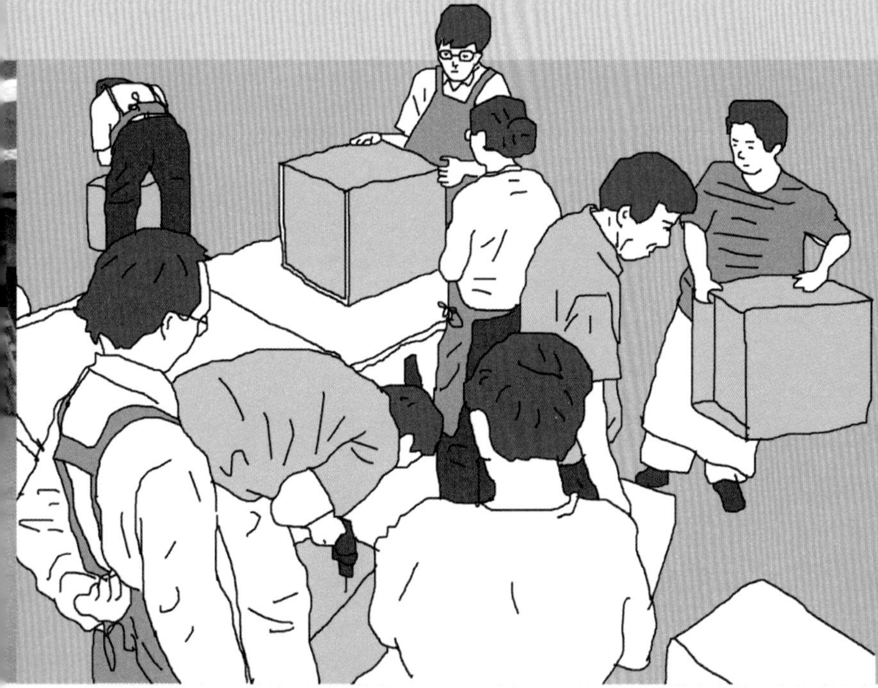

木工教室裡學員工作的情景

三

說到當老師，那又是另一個故事。

五年前，我頭一回站上社大講台，台下有二十三個學員。那時我帶著筆記型電腦，把講課的內容做成簡報，緊張得拼命講，努力撐過兩個小時又四十分鐘；回到家裡便肩膀酸痛、倒癱在那兒。

剛開始的幾週，教課非常難熬，直到第五週之後，我們漸漸熟悉彼此，慢慢覺得比較自在，也慢慢體會到，把學員當朋友就好了！

第一個學期結束後，班代給我建議，希望下個學期可以有實作課程，換句話說，我得臨時再編寫一套實作課程教材。

在社大當「講師」和過去當木工「師傅」很不同，講師上課要有鮮明的節奏，教學內容要

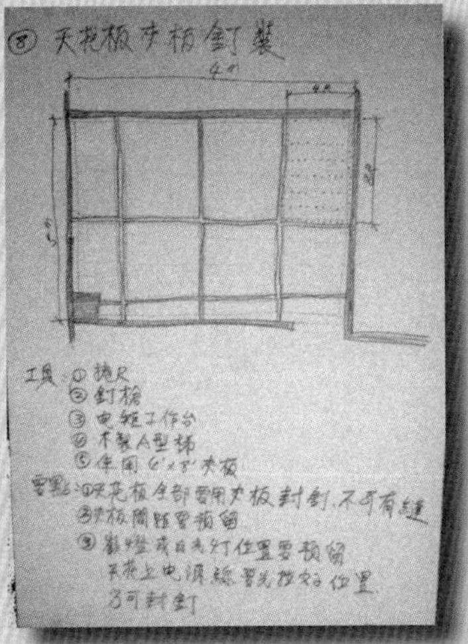

學員自行繪製的天花板夾板釘裝設計稿

指導鋸木板

木工教室空間寬敞，學員運用巧思製作隔間，站在隔間之前的即是黃俊修老師。

豐富、充實，另外，學員也很重視每學期的實作成品。一整學期的課程，扣掉第一堂課和第九週公民週停課，大概只有四十八小時，換算下來不過六、七個工作天，大約一個禮拜；如果是師傅帶學徒，這麼短的時間很難學到東西，但是在社大就不一樣，講師必須要讓學員真確地學到東西，也就是說，學員在這裡學木工，比外頭學徒學得多。

此外，當講師也要能夠了解學員的需求，傾聽學員的感受。有人想做櫃子，或者做房間的隔間等，我會安排進課程中；不過講師也得像師傅帶學徒一般了解學員的能力和評估學習狀況，例如有學員想學打洞接榫，我便無法教，畢竟一根木頭從這頭貫穿到另一頭，不是幾個小時就可以學會，這需要功力的累積。

對我來說，當講師面臨的挑戰不少，但是品嚐到的甜蜜滋味和成就感也很直接。一年下來，我的課從二十幾人開一班，到三十幾人開一班；從一個班增加到兩個班，再從一所社大擴增到四所社大，現在我在南港社大、信義社大、松山社大和內湖社大都有開課，包括快樂小木工、裝修木工實務班、裝潢木工等。

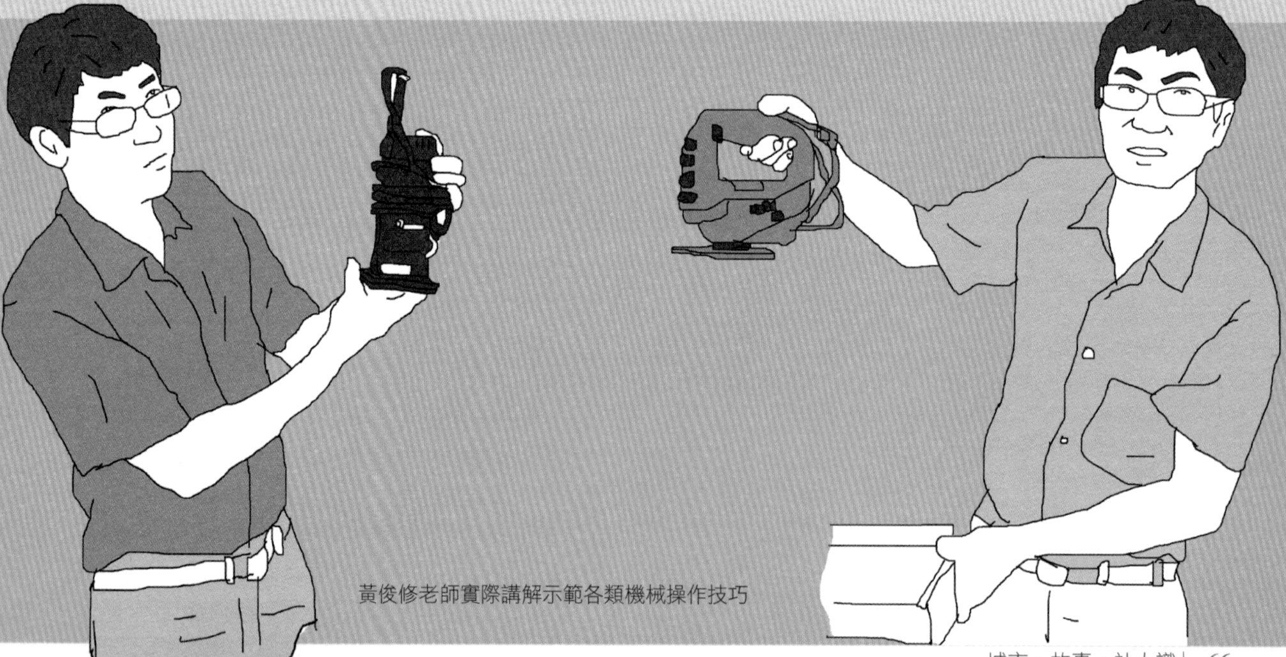

黃俊修老師實際講解示範各類機械操作技巧

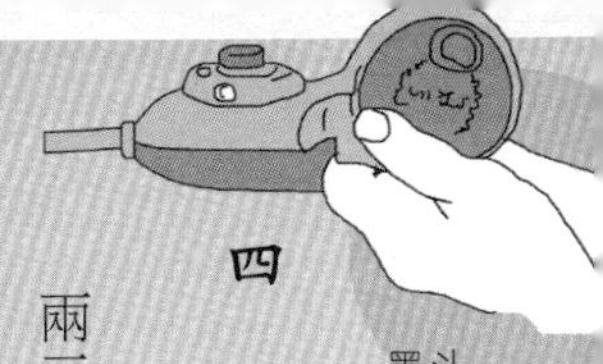

墨斗

四

兩三年前，緣於松山社大蔡素貞校長的邀請，我開始參與社區關懷工作的討論和規劃。不只一次，大家討論到「是否成立一個公益社團，幫助弱勢家庭修繕家園？」那時蔡校長允諾提供工作場地，並且添購修繕工具，像是空氣壓縮機、釘槍、修邊機、彎鋸機等，而我，當然義不容辭，召集許多熱心的學員來討論、商量。

對我來說，小時候雖然窮過、苦過，但現在當了三十幾年木工，家中生計終於比較穩定，孩子們也都在讀書；如果可以，我希望能在有生之年，盡我的能力，提供可能的幫助，這不但是自己成長的機會，也讓孩子們看到，爸爸雖然只有國中畢業，也可以做公益、可以為這個社會做點什麼。我也希望，社大的學員們能善用課堂中學到的修繕能力，幫助弱勢者整修房舍和居家空間。

民國九十八年五月，松山社區大學正式成立「獻木松山公益修繕社」，第一年便號召了三十幾位社員，每人繳交一千元作為修繕基金。

不過，社團雖然成立了，我們卻不知道可以幫助的對象在哪裡。那時心裡很急，怕沒有開始動工，整個社團會散掉；一旦散掉，便很難再組織起來。還好松山社大校方也持續關心這件事情，在某

因為是木工實作，正確的測量裁切十分重要

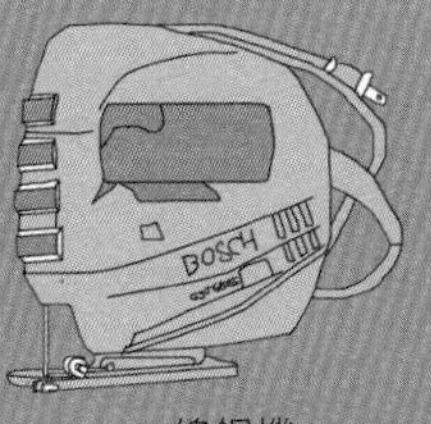

線鋸機

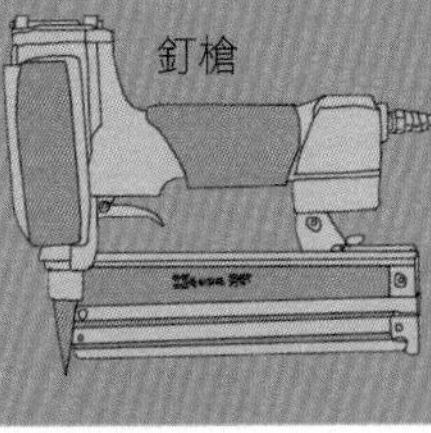

釘槍

大型塑膠籃可當工具箱，也可裝雜物

次參與「弱勢家庭網絡會議」時，慢慢認識到其他公益組織或相關社團的運作方式，彼此交換寶貴的意見；接著，更進一步和華山基金會合作，而接到第一個案子。

那是住在愛國東路的唐姓老奶奶，有點兒重聽，獨居，屋頂漏水。第一次到奶奶家中，我爬上屋頂仔細檢查，看了又看、拿著尺量了又量，幾個學員在下頭記錄；我們發現奶奶的屋頂和牆壁之間有細縫，每逢下雨就滴滴答答。第二次，我們浩浩蕩蕩地帶齊了釘補所需的材料，爬上屋頂敲敲打打了一番；就在那天下午，台北的天空飄起雨來，我們迫不及待地去問老奶奶，屋裡還有沒有漏雨呀？

當然是令我們滿意又欣慰的答案：「沒有，沒有……」

第二個案子接著到來，我們連絡了北投社區愛心天使站，大伙兒到北投清江街給獨居的謝爺爺和蔡奶奶做修繕。謝爺爺行動十分不便，住在不到一坪大的房子裡頭，沒水沒電，四面無窗，無廁所也無廚房，全靠救濟維生；我們給爺爺房子門前製作雨遮和紗門，讓爺爺可以開門通風，也避免蚊蟲叮咬。蔡奶奶年紀很大，要獨自照顧中風行動不便的蔡爺爺及重度障礙的兒子，靠老人年金、重障補助及拾荒維生；奶奶租的房子是古厝，門檻頗高，每回蔡爺爺遇緊急情況須送醫時，總要折騰好一陣

松山社大
老師和學員一起動手做木工
黃俊修老師

公益修繕社愛心修繕案例一：愛國東路屋頂抓漏
步驟一 訪視＋勘查

子，我們給蔡奶奶的家門前製作無障礙斜坡，好讓坐輪椅的蔡爺爺能夠順利進出。

經過幾次修繕的經驗，整個社團的運作更為成熟，我們也越來越體認到，服務是一份志業。這些過程中，無疑要感謝所有社員的熱情參與，例如社長王增福的大力支持，總幹事陳冠宏的積極奔走、連繫等，大家都很辛苦。

雖然目前社團的經營越來越上軌道，但我們不能以此自滿，這份志業不只是一個社團的志業、也不只是一小群人的志業，我們歡迎更多人的響應，希望邀請更多專家進來，例如職業水電工或職業木工，也希望邀請其他社大的學員參與，願更多人能夠發揮所長一起做公益。

（本文由台北市松山社區大學黃俊修老師口述，作者整理）

步驟二
屋頂修補及架設棚架

步驟三
準備塑膠浪板

步驟四
裝置簡易雨遮

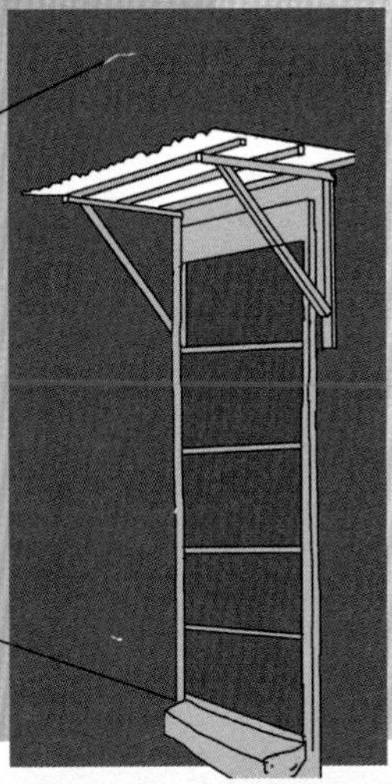

完成圖

公益修繕社愛心修繕範例二：以社子一獨居老人屋舍裝修為例

步驟一　訪視獨居老者並調查住居環境

步驟二　窗戶加裝紗網防蚊

步驟三　考慮到使用者進出便利性及安全問題後，裝設含磁鐵的門簾

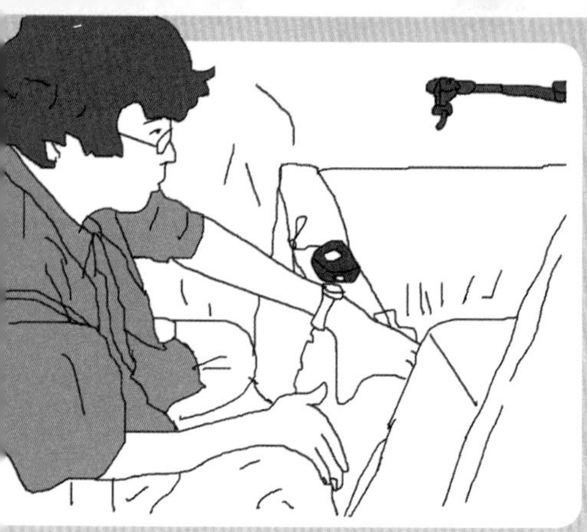

步驟四　浴室銳角部分以高密度海棉包覆

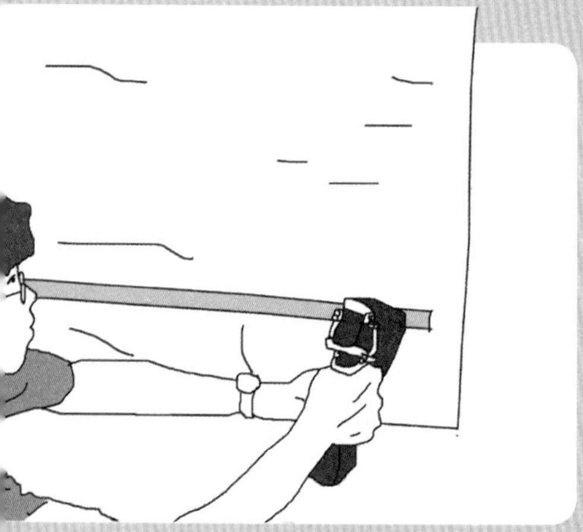

步驟五　修整屋內其他角落

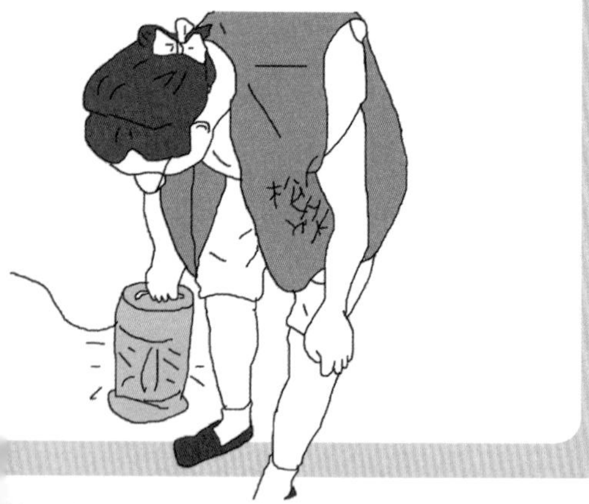

步驟六　裝置捕蚊燈

【附記】 專訪松山社區大學蔡素貞校長

社區大學不只是學習的場域，也是實踐的場域；唯有透過實踐，才可能在個人的學習中獨立思考、進行反思，進而改變個人、家庭與社會。在社區大學裡頭，類似木工課這樣的生活藝能課程，不只是技能學習，更重要的是，這樣的學習，貼近生活，貼近經驗，甚至更進一步發展社會關懷與社會實踐。例如拼布課程，在拼布過程中，討論罕見疾病、婦女議題……在縫縫補補中完成作品，也在過程中，讓每個不同的生命彼此激盪、改變，這樣的改變能擴大影響，一個漣漪接著一個漣漪往外擴。木工也是一樣，一方面強調做中學，發展技術；另一方面也在專業領域學習之外做服務，如社區公共工程的協力、弱勢關懷，以及提供獨居老人、低收入戶的免費修繕。服務及參與的過程中也在做中學，專業當然也會提升，可謂雙贏互利！

公益修繕社人員招募海報

蔡素貞校長是促成公益修繕社的推手

萬華社大

在河之洲 看守華江

磯鷸

一月的某日，天氣微寒，我們來到了華江雁鴨公園。沿著賞鳥步道遊走，陳岳輝一手拿著望遠鏡，一手指著遠方。循著陳岳輝標示出的視角，我察覺泥灘地上的磯鷸。「枝頭上的是小雲雀嗎？」我指著象草上面的黑點問道。「不，不是，是鶺鴒。」陳岳輝回答。他繼續說著，那群剛起飛的鳥群是一種候鳥叫小水鴨，這個季節經常看到牠們。儘管眼光如此銳利地辨識著各種鳥類，陳岳輝卻不僅僅是個候鳥研究者，他熟悉這塊土地的一切，幾個眼神餘光，兩、三個光影晃動，即刻掌握鳥蹤，指出水鳥出現的位置。舉凡蘆葦邊的小水鴨，水池上的紅冠水雞，泥灘上的磯鷸，樹梢上的鶺鴒，還有黃鶺鴒以及巴哥……等，都在他的望遠鏡中現形。在這片乍看雜亂的草澤環境中，在陳岳輝這位候鳥人如探照燈般的引領之下，這片泥沼、泥灘、蘆葦、象草……等綠草泥灘交錯的陸域，都藏有讓陌生的訪客發現生命的驚喜。

華江觀鳥行動

陳岳輝住在忠孝橋附近，距離華江雁鴨公園不遠處。他早在民國七十六年加入鳥會後，就經常到華江雁鴨公園賞鳥。「民國八十年鳥會接受視康公司贊助，一共四年，沿淡水河沿岸進行鳥類調查，我們規劃十三個觀察點，每個月第三個星期天從早上八點到下午二點進行鳥類觀察，沒有間斷，華江雁鴨公園也是其中一個據點。」這次的計畫，更強化了陳岳輝觀察華江雁鴨公園的動力，幾乎每個月他都撥出許多天到華江雁鴨公園賞鳥，做成記錄，再轉給鳥會，即使計畫結束，他仍持續進行，二十年來不曾間斷。

陳岳輝

陳岳輝經常背著單筒望遠鏡到濕地賞鳥

水鳥棲地困境

陳岳輝對於過往二十年來華江雁鴨公園的環境變化，體會甚深：「更早之前，前面榕樹那邊為艋舺舊碼頭，端午節時還可以停船、划龍舟。後來河道漸漸淤積，露出大片泥灘。民國七十幾年，我開始賞鳥，這一帶已淤積出大片的泥灘地，當時水鳥很多，大家都在這裡賞鳥，台北市政府還將這裡規劃為華江雁鴨公園。」眼前華江雁鴨公園位在艋舺舊碼頭附近，為大漢溪和新店溪交會處，數百年來舟船往來，為台北盆地人文發展的中心。後來台北盆地周邊山坡地不斷開墾，河水把泥土沖刷到大漢溪和新店溪交會的艋舺一帶，淤積嚴重，航行在河道中的船隻日漸減少；光復後大台北區發展快速，河水又被水庫截流，流速慢，泥土淤積更嚴重，再加上污水排入河流中，髒臭污水令人不敢親近河流，船隻幾乎不存。其間每年幾次颱風進出，河道中淤泥堆積更深，艋舺附近因淤積嚴重，已沒有船隻航行，往來船隻大抵更往下游推移，停在遠方大稻埕碼頭。

然而淤積出來的整片泥灘卻是水鳥的最愛，許多候鳥在秋冬季節，或是初春時候到臨這片泥灘地覓食，也就形成華江溼地，八〇年代此一生態景象被保育人士看重，促請當時的政府規劃成生態保育的區域，也就是「華江雁鴨公園」。鳥會更在

二十年來，在公園必定可以看到陳岳輝眺望遠方的身影

象草所在地方表土層少有水
澤侵擾，環境相對穩定
蘆葦通常在水澤較
多的濕地出現
往淡水河
這幾年淡水河淤積嚴重，
泥灘地逐漸陸化的結果造
成水鳥數量持續下降

華江雁鴨公園內的濕地

單筒望遠鏡是
賞鳥絕佳配備

每年二月舉辦「華江雁鴨季」，邀民眾前來賞鳥。只是，他繼續說：「近十年，淤積更嚴重，泥灘更大片，許多雜草長出來，泥灘被雜草覆蓋，水鳥數量減少許多……因為泥灘地長滿雜草，裸露的面積減少，很多水鳥不來，跑到對岸蘆洲那邊，那裡有很大片的灘地，很適合水鳥棲息。像前幾天下午，我還刻意跑到對岸看鳥，結果看到六十幾隻絲光椋鳥。」

華江雁鴨公園臨近早期台北發展中心的艋舺，又是台北少數具生態特色的地方，是該好好珍惜。這樣的特色早在八〇年代被政府和民眾看到，也規劃成「華江雁鴨公園」，只是二十幾年後的今天卻被忽略：「淤泥上長滿雜草，影響候鳥棲息，水鳥減少許多，之前向台北市政府建議翻土，他們沒有回應。另外，有人在附近種水筆仔，也會加快溼地的陸化，增加植被的面積，這些都不利賞鳥。再加上最近在公園近賞鳥步道這一側設置路燈，會干擾夜間水鳥的活動和棲息。我和台北市政府說過，假如一定要做，請他們做較矮的路燈，背對溼地，他們說好，後來還是沒有照這樣的建議修改。」陳岳輝眼神略帶落寞地描述著這些情況。「華江雁鴨公園一帶的淤積嚴重，清淤要花許多經費，並不容易；但是翻翻土，讓蟲子出來，也形成大面積灘地，這花不了多少錢，但他們就是不願意。」說著說著他又多了一些感嘆。

八〇年代華江雁鴨公園鳥類環境較佳，吸引很多人

前來賞鳥；九〇年代關渡自然公園成立，許多學校、團體和個人都轉往關渡自然公園，華江雁鴨公園人潮漸稀；臨二〇〇〇年，華江雁鴨公園更加荒蕪，陸化嚴重、雜草叢生，公部門又不願花錢整理，鳥類數量減少，賞鳥人潮更是稀少。當人潮不再，當政府少有關心，當環境惡化，當賞鳥人很少到訪，誰還守在華江雁鴨公園？是陳岳輝。他仍然在華江雁鴨公園的步道上緩步行走，每個月來兩、三次，甚至四、五次。有時一個人，有時三、五個人，到訪的臉孔一再變化，唯一不變的人是陳岳輝。

這使我不禁想了解，促使他持續二十幾年守護著華江雁鴨公園這塊土地的動力，究竟是什麼？他略帶憨厚的神態看著遠方，語調平平地說：「我家距離較近，是原因吧！這一、二十年，環境變化很大，大自然的力量無法改變，我要將之前看到的經驗，傳承下去，帶社區的民眾到這裡參觀。早期可以看到很多鳥，現在少掉很多……鳥友們到馬祖等外地賞鳥，我並不熱衷；野柳出現什麼特殊的鳥類，我也不勤快去看……」原來，陳岳輝愛的不只是鳥，他愛的更是孕生候鳥能夠駐足的這塊自然的原生地。

華江雁鴨公園地理位置圖

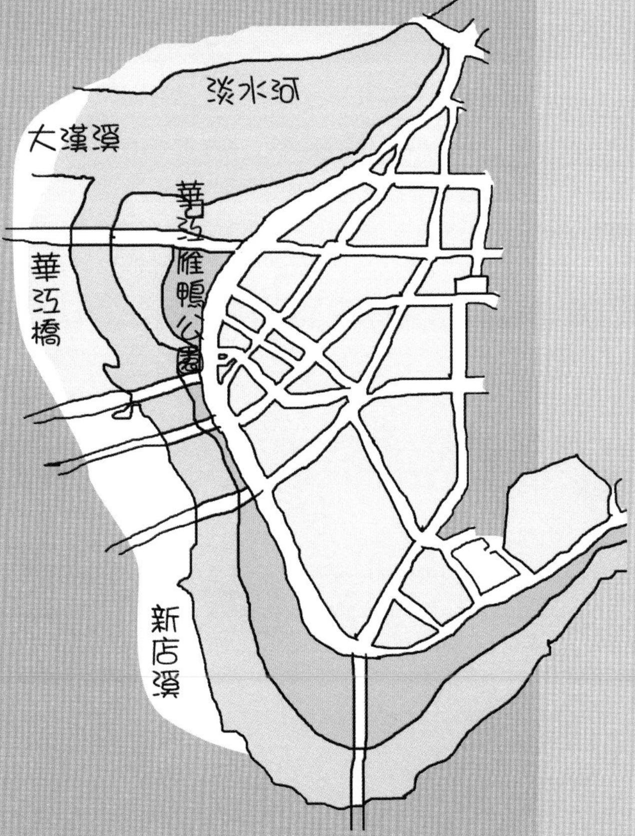

陳岳輝與萬華社大的濕地守護行動

或許因緣於想深入學習自然及擴大自然生態實踐的念頭，民國九〇年代初期，陳岳輝選讀萬華社大「與自然做朋友」課程。後來，陳岳輝又參與萬華河川社團的籌辦，擔任社長一職。雖然河川公共議題社團發展並不容易，但他們還是在民國九十五年改名「綠野仙蹤社」，藉以廣邀社大更多學員參與。後來又有在地民眾發起成立「華江溼地守護聯盟」。這些關懷自然保育的志業，陳岳輝熱心參與，也負責社團中重要的任務，包括集合志工監測守護華江溼地的工作。

萬華社區大學副校長廖鴻宇看到陳岳輝對守護華江溼地的執著，也想到萬華社大所在的萬華區歷來為淡水河重要的口岸，便邀陳岳輝參與「淡水河

廖鴻宇副校長，也是「淡水河悠活學習網」建置功臣

悠活學習網」的電腦網路建置計畫。廖鴻宇說：「『綠野仙蹤社』成立後，河川議題更多元，我一直在想如何把這些經驗數位化……」或許就是這樣的機緣與動力，萬華社大在廖鴻宇副校長積極籌措下，完成了「淡水河悠活學習網」的網路建置：「這是一個開放的網路學習平台，我們希望有關淡水河各項議題的內容都可以放進去，使更多關心淡水河的朋友有學習的管道。」這樣的願力，使得廖鴻宇於民國九十八年年底就完成網路平台的架構，其中陳岳輝更無私提供了他大部分關於華江溼地的資料，也使得學習網的內容大大地充實。

淡水河悠活學習網首頁

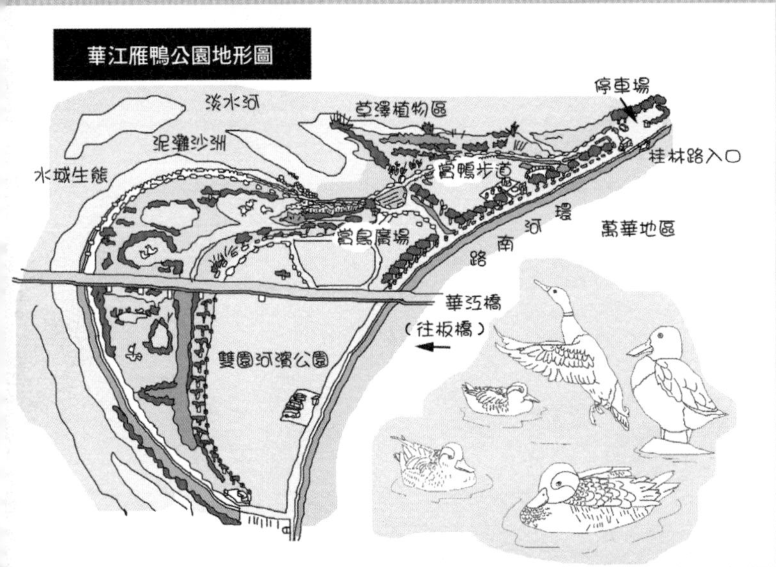

北投社大

社大賣菜，成人之美

一

大約民國九十七年底、九十八年左右，北投國小附近總有好些假日熱鬧滾滾，你可以在這邊買到剛採收的地瓜、高麗菜、桶柑等蔬果，也可買到近郊小農們無毒、安全的友善堅持。這是北投社區大學所推動和舉辦的假日市集：北投人，當然要吃北投菜！

事實上，台北都會區寸土寸金，殘餘土地都作為房舍或做相關規劃，少有土地可維持農作；現在的陽明山區，仍能看到農園耕作的景致，實屬難得。可惜此一區域大多位於國家公園的範圍內，發展本就受限；加上台灣交通建設的進步，南北物流便捷，對台北地區的農業造成嚴重衝擊。

北投社大前校長楊志彬意識到北投農業的處境困難，感受到農民的窘境，而積極促成假日市集的開辦，希

北投社大主辦的農民市集

望能開啟一個可能的銷售平台。市集的規劃和舉辦，除了社大夥伴的投入參與，也邀請許多農友一同籌備；大夥兒從海報的設計、農作看板的製作，到市集的宣傳、無毒農業的推廣等，都親手包辦，市集現場還有農友做示範教學，來這兒買菜不但買到新鮮、買到健康，還熱鬧又好玩。

幾次市集活動後，新接任的北投社大校長謝國清也相當認同和重視這樣的理念和實踐，他接著邀請社大同仁們試辦「共同採購」，與北投泉源里的農友盧敏惠、趙懷弟等約定，請他們定期將新鮮的蔬果送抵社大，由同仁們來購買。謝校長認為，對在地農業而言，北投社大是一個很好的平台，這樣的平台不只幫助農友賣農產品，也同時在社大裡頭推廣「食物里程」的觀念，讓消費者能夠以最短的距離、用最快的速度，購買到新鮮的蔬果。

二

北投近郊的泉源里，就是古時候所說的「十八份」。十八份為大屯火山山系的一部分，有火山岩石、碎屑風化後所形成的黑色土壤，當地人稱為「帕石沙」；附近地勢較為平穩的地方，則形成紅色的「赤泥仔土」。黑土和紅土肥力充足，適合耕作，加上排水良好、水氣豐沛，在十九世紀末期，曾陸續開闢茶園。

當時，十八份聚落及大屯山系聚落的居民，都要經過十八份舊道，至北投聚落進行買賣交易，市況熱鬧。到了日治時期，各地交通更便利，產業多樣，十八份除了種茶和水田之外，也栽培果樹；另外，受到陽明山地區種植桶柑的影響，十八份地區也開始有許多農戶栽種桶柑，再用竹簍背下山販賣。當時市場需求量大，供貨穩定，一時之間，很多農民紛紛種植桶柑。

台灣光復後，十八份的居民依然維持著古早的農村生活形態；到了七〇年代，十八份的產業受到極大衝擊。民國六十七年，中山高速公路開通，貨物的流通往來容易便利，南部的農產品迅速運往台北；南部地區的工資便宜、價格低廉，競爭力遠高於台北的農產品，十八份的農產銷售因而面臨極大的威脅。幾年之後，陽明山及十八份地區的桶柑銷

高速公路開通後，受到中南部廉價農作物衝擊，北投農民們開始自行擺攤銷售

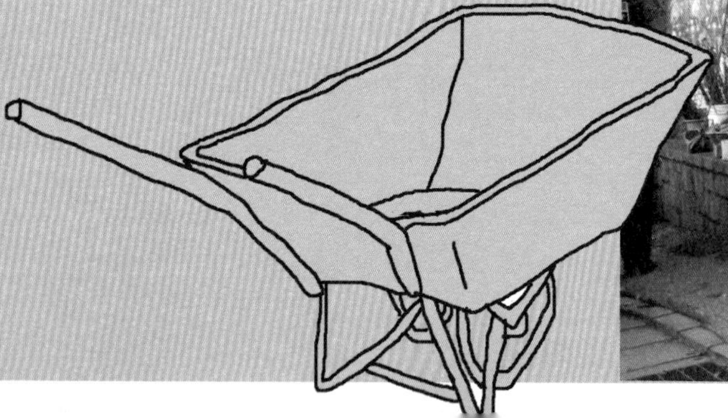

售銳減，農民紛紛停種。

另一方面，六〇年代大台北地區的水資源正在開發階段，當時規劃興建翡翠水庫；為了解決水庫興建時，新店溪無法供水的問題，政府乃在水源豐沛的大屯山系進行臨時替代水源的作業。十八份近北投、天母，為首選之地；由於水源被挪用，政府便發給農民休耕津貼，暫停耕作。然而翡翠水庫完工後，整個產業的大環境已發生劇烈變化，水田休耕多年後整理也不易，田地幾乎荒廢，十八份便不再耕作水田。

至此，傳統農產業已無法維持一家生計，年輕人紛紛到城市裡頭工作謀生，極少有人願意回到十八份老家繼承農事工作。

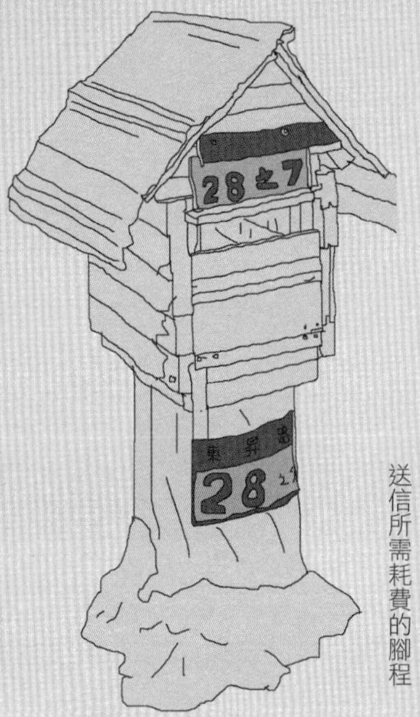

北投典型的農家郵筒，為方便郵差投遞，通常會設在離屋舍有一點距離的大馬路側，省去越過農地送信所需耗費的腳程

十八份與鄰近地區的關係

三

目前，十八份僅存一戶種植大面積桶柑的農家，這位農友叫詹乾得。

談到桶柑，詹乾得和妻子盧敏慧都有很深的感慨。早期陽明山的桶柑很有名，北部地區逢年過節桌上一定有桶柑，桶柑酸中帶甜，這滋味是許多老台北人共同的回憶；只是近十年來，桶柑的價格無法和南部的椪柑競爭，逐漸消失在大部分的市場中。

詹乾得和盧敏慧每年的桶柑產量其實不多，大約在清明節前後收成，一直賣到五月多；所有的桶柑都是當天從樹上採收下來，就直接運到市場去賣，這不同於外地的椪柑，是早幾天預先採收、套

詹乾德

滋味酸甜的桶柑，是許多老台北人的共同回憶

泉源農場一隅

袋一陣子才放到市場販售。詹乾得的客人大多是老顧客，多年來維持自產自銷的狀況。

除了桶柑，詹乾得也種蔬菜，並且堅持無毒的耕作方式，也就是所謂的有機蔬果。頭幾年栽種有機蔬果，消費者其實不太能接受，特別是有機蔬果多有菜蟲啃咬的痕跡，不太好看，盧敏慧笑著說：「人家賣菜，我賣蟲！」

經過一段時間的努力，詹乾得和盧敏慧的堅持才逐漸受到顧客的肯定，客戶漸漸增多，這幾年算是穩定了下來。

農民市集為夫妻倆製作的推廣草山桶柑的海報

盧敏慧

在北投街上，經常可以看到盧敏慧的身影。她賣的蔬果都是自己種的。

四

另外一位堅持無毒蔬果的農友，是趙懷弟。懷弟的農園位在陽投公路旁，沿著坡度開發成梯田；陽明山水澤豐沛，田裡頭種了地瓜、芹菜、長年菜等作物。

然而梯田的位置過於接近溫泉源頭的硫磺谷（舊稱大磺嘴），谷邊磺煙經常飄過來，造成土壤酸化，嚴重影響作物生長。為了解決這樣的困境，懷弟得想辦法改善土質，例如在土壤中混合苦茶石灰或粗鹽。懷弟無奈地說：「由於這幾年北投溫泉的大量開發，磺煙更嚴重，土壤酸化的情形更加惡化。但這種事情無法怪別人，我們只好改變作物的種類。」於是懷弟選擇種氣根淺、較不會受到酸土影響的作物，像是地瓜。

為了耕作有機蔬菜，懷弟也在農舍中養豬，將豬糞製作成有機肥料，避免化學肥料對生態的衝

趙懷弟和她的狗

懷弟家的農園

飼養豬隻除了可供食用或販售，豬糞還可製成有機肥料

擊。然而養豬也不容易，每天得去收集廚餘給豬吃，收集回來的廚餘還得仔細把骨頭和魚刺挑掉，並且將廚餘煮過才能餵豬，費時費工；這些工作多虧懷弟的公公多年來一肩扛起，讓梯田的收成能夠養活全家。

同樣地，懷弟的有機蔬菜賣相也不甚理想，她倒是自我解嘲一番：「我很醜，但是沒噴農藥！」懷弟還說她的專長是「刻花」：煮菜之前，用刀子將蟲吃過的地方刻掉，那工夫就像在雕花！

懷弟家的農園離大磺嘴不遠，農作飽受磺氣威脅

農民市集為趙懷弟製作的個人海報

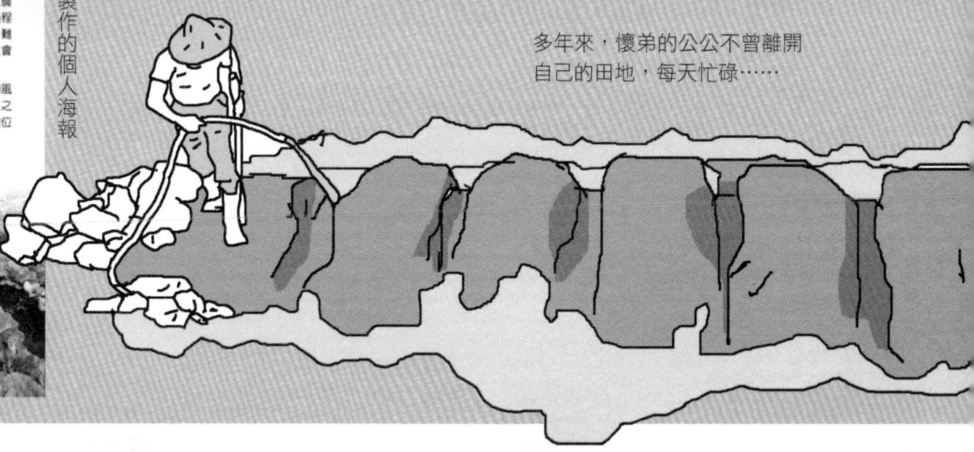

五

在繁榮的城市中，如果還能看到農夫彎腰耕種的身影，以及帶著蔬果兜售的親切叫賣聲，那堪稱相當難得的畫面；在產量和價格掛帥的市場中，如果還能買到不用農藥、安全用藥範圍、以及友善對待土地的農產品，實為每一個市民的幸福。

只要有農友還願意耕作有機蔬果，願意讓北投人吃到北投菜，那麼北投社大，願意以陪伴、促成和參與，成人之美。

謝國清校長在北投社大校內推動「共同採購」

還有採購專用菜籃

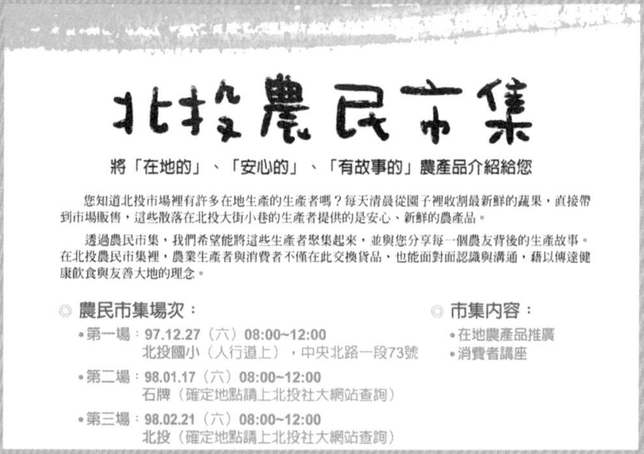

北投農民市集

將「在地的」、「安心的」、「有故事的」農產品介紹給您

您知道北投市場裡有許多在地生產的生產者嗎？每天清晨從園子裡收割最新鮮的蔬果，直接帶到市場販售，這些散落在北投大街小巷的生產者提供的是安心、新鮮的農產品。

透過農民市集，我們希望能將這些生產者聚集起來，並與您分享每一個農友背後的生產故事。在北投農民市集裡，農業生產者與消費者不僅在此交換貨品，也能面對面認識與溝通，藉以傳達健康飲食與友善大地的理念。

◎ 農民市集場次：

- 第一場：97.12.27（六）08:00~12:00
  北投國小（人行道上），中央北路一段73號
- 第二場：98.01.17（六）08:00~12:00
  石牌（確定地點請上北投社大網站查詢）
- 第三場：98.02.21（六）08:00~12:00
  北投（確定地點請上北投社大網站查詢）

◎ 市集內容：

- 在地農產品推廣
- 消費者講座

為了向民眾推廣，農民市集特別製作海報廣發訊息

農民市集內交易場景

信義社大COOl計畫 台北屋頂綠意濃

在世界第一高樓的腳邊

登上台北一〇一大樓的89樓，往下眺望，這是台北市政經發展最為活躍的區域，除了商業大樓、百貨公司，還有台北市政府、台北市議會等行政中心，以及富麗高級的豪宅大廈。

恣意環視，整座城市盡是高高低低灰撲撲的水泥；偶然，當你瞥見綠油油的一隅，不由得定睛一瞧，那是南港山腳下的信義國中，也是台北市信義社區大學的校舍，屋頂上美麗的花園和翠綠的菜圃，在單調的台北天空中顯得格外亮眼。

向屋頂借一小方地

沿著松仁路走，來到信義社大，一步步爬上頂樓，如果那是下午四點左右的時間，便會撞見維護園圃的志工們，蹲著身子，專注地幹活。每一天，空中花園都有不同的園丁輪流照顧，例如星期一是由負責景天科植物的學員來輪值。

從信義社大遠眺101大樓

信義社大執祕賴裕封分享屋頂花園的特色

屋頂花園的構想來自台北市錫瑠環境綠化基金會，他們推廣屋頂花園已經好幾年。由於都會區的快速發展，信義區的土地已被櫛比鱗次的高樓大廈所覆蓋，只有少數區段保有綠地，這些綠地若串接成帶狀，也就是所謂的「綠帶」，將有助於整個區域的自然生態環境保留和維護。

民國九十七年時，基金會向信義社大提出屋頂植栽成花圃的計畫，他們出錢也出力，提供技術，而後續的維護照顧則由信義社大的學員和志工來負責，同時也可以配合社大的教學，善用資源，並且為城市的美化、綠化盡一份力。

林美華教現場示範收成蔬菜的技巧

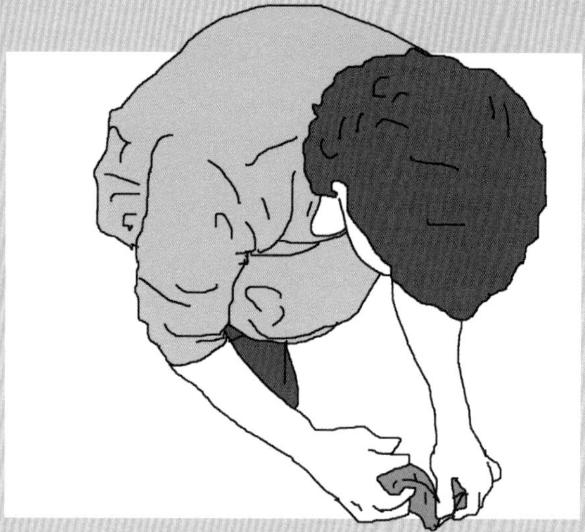

步驟一 彎腰蹲下，低頭，手抓萵苣，並撥開外層葉片

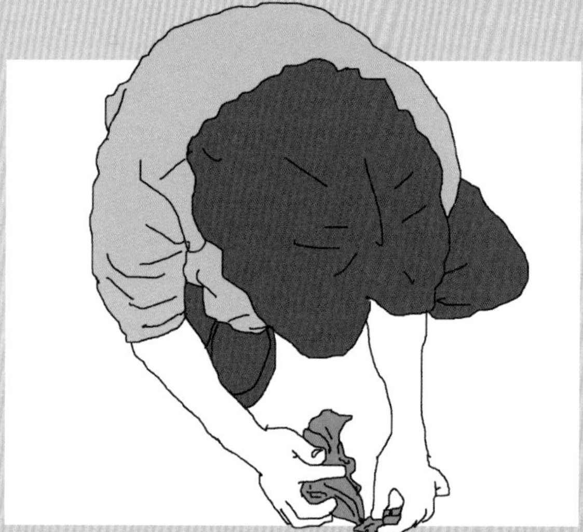

步驟二 撥動時要小心，不要傷到土壤下方的根

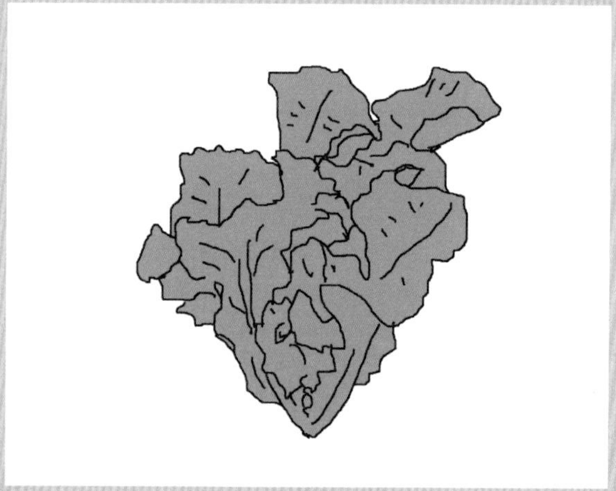

萵苣

摘萵苣圖解教學

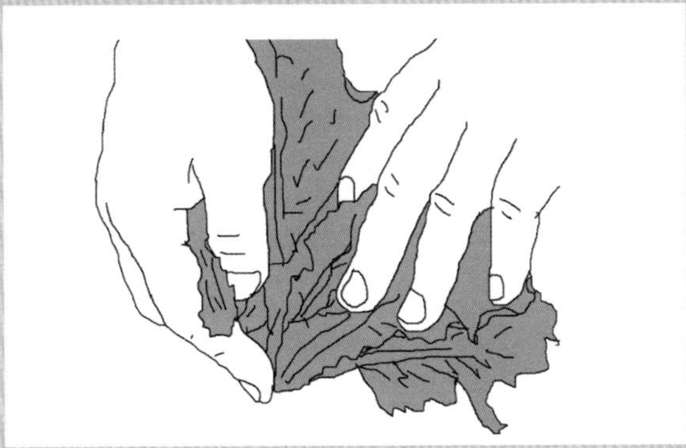

步驟三　壓住最貼近土壤表面的葉柄底部

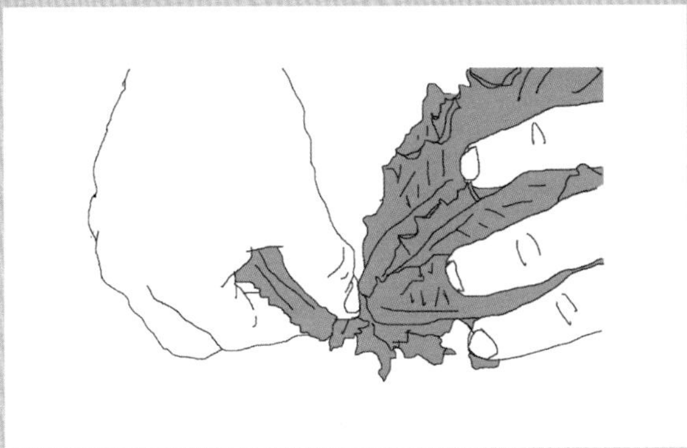

步驟四　折斷壓住的葉柄部位

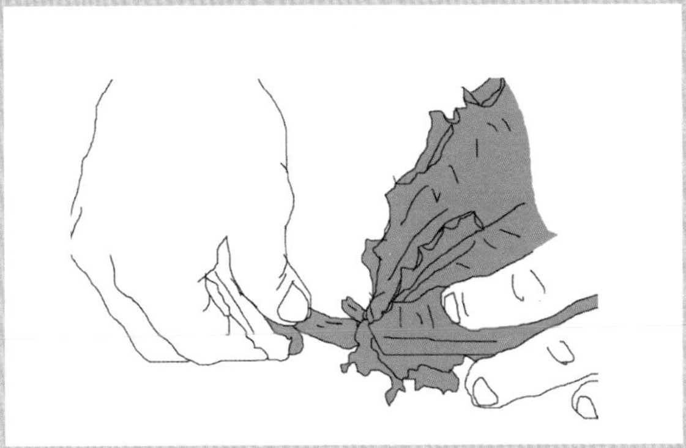

步驟五　輕輕扯斷該處的葉柄

步驟六　完成摘取，這樣做才不會傷到根部

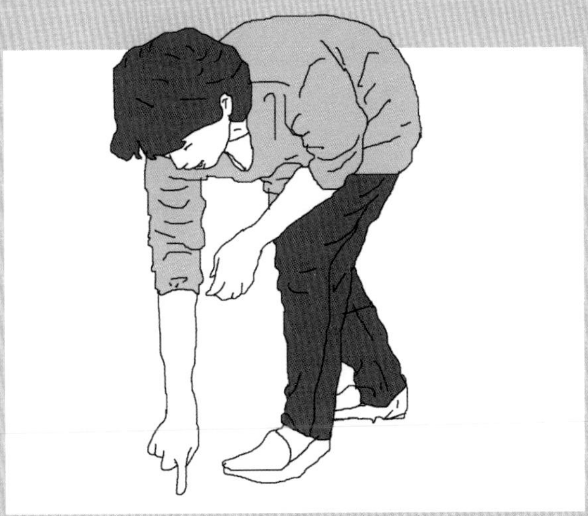

菜園要經常整理，清除側枝和雜草，母株才會長得好

灌溉城市綠希望

「歐洲有些城市的大樓頂樓已有五成的綠化呢！」信義社大執行祕書賴裕封說，他們從九十八年八月陸續進行防水等施工，待苗圃的整體環境大致完成後，再請工人把培育一、兩個月的植栽種到苗圃中。接著，社大學員和志工們進入苗圃，開始分工排班進行維護；過程中，部分信義社大的講師們更建議，規畫部分園圃栽種有機蔬菜。

我們撞見社大志工林美華的那一天，她正在摘萵苣的側枝：「要摘除旁邊這些側枝，留下漂亮的母株就好，長的芽才會一般高，主幹才會漂亮；還有，要壓住葉柄底部，再摘除葉子，這樣做才不會動到根部，根才不會浮浮的，所受干擾較少，才容易吸收養分……這邊陽光很平均，長得比山上好……我們每天唱歌給它們聽，撫摸它們，和它們說悄悄話……」

社大學員和志工們在苗圃的維護過程中，親自動手做，觀察植物和蔬菜的生長情形，撫觸每一吋新葉和嫩芽，感受生命成長茁壯的喜悅；每個人在勞動的過程中，認識和了解每一株植物的習性及特色，學習花園菜圃及屋頂綠化的相關知識和常識；收成的時候，樓下的辦公室傳來陣陣笑聲，大夥正在處理剛拔下來的蔬菜，準備下鍋煮頓可口的晚

4567遊學路線沿路可以看到美麗的山川風景；山下為景美溪谷

4567遊學步道隸屬南港山系，步道長度約4567公尺，由廖守義老師命名

餐。

在「綠帶生態」的概念下，信義社大除了建置屋頂花園，還規劃了綠廊道、綠軸計畫、鄰里綠化、生態排圳再造、公園意象、台北樹蛙、後山4567導覽點、虎獅象生態等課程計畫，將信義區的綠化、活化做為信義社大的使命和努力的方向。

綠色城市有可能不只是口號或夢想，而是逐漸實現的台北新希望。

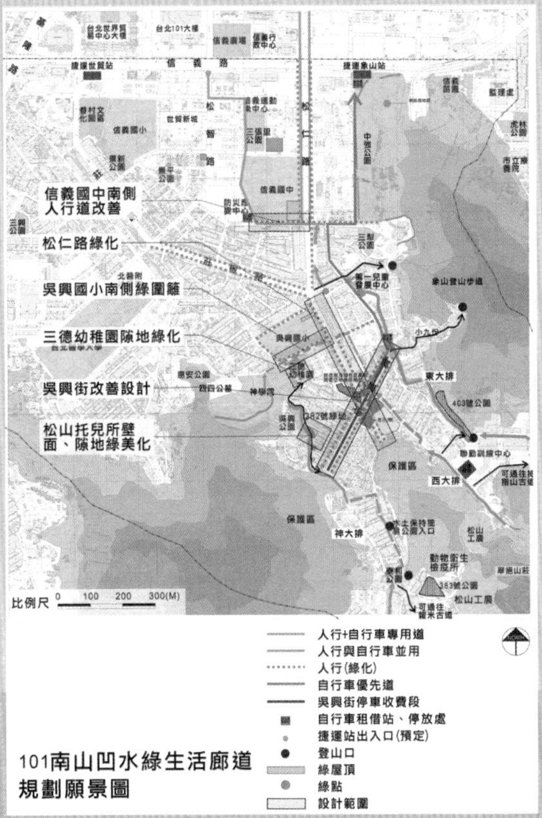

101南山凹水綠生活廊道規劃願景圖

信義區近年快速發展，綠地銳減，信義社大協助推動「綠帶生態」概念，用課程等方式推廣綠化行動，「屋頂花園」就是其一

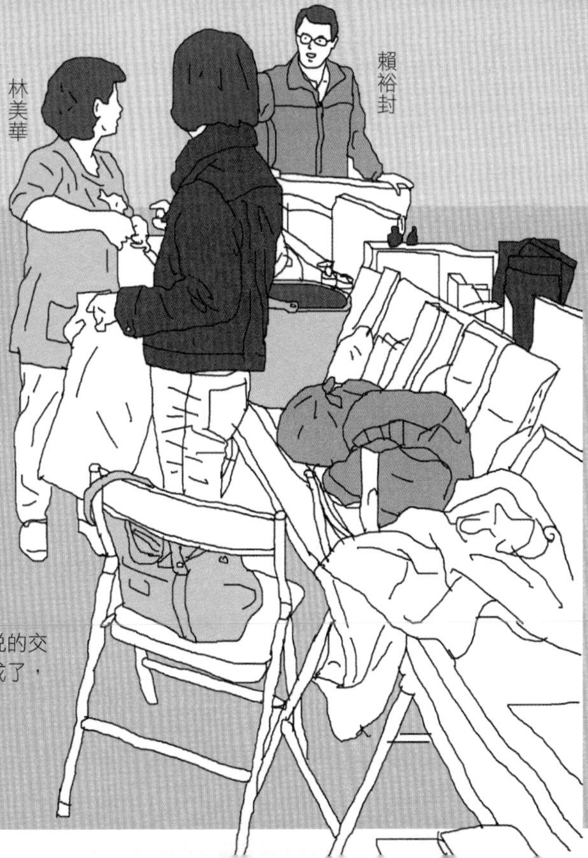

信義社大辦公室裡傳來愉悅的交談聲，原來那天有些菜收成了，大家在討論「加菜」的事

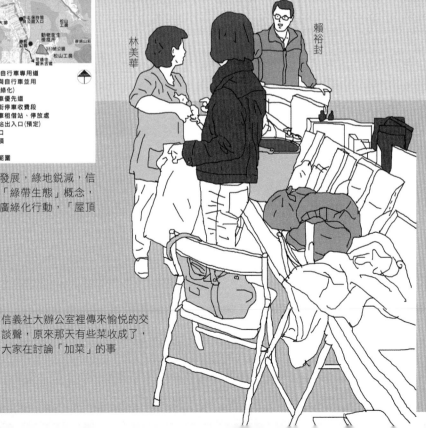

第三部

學術、地方文史、公民運動

社大「長」出來的第一篇學術論文

第一篇論文

民國九十七年十月，鄭景隆終於完成論文！

論文題目：「台北市文山區十五份遺址與相關器物之研究」

這是全國百所社區大學第一篇經過學者專家審查通過的論文，在社區大學理念實踐歷程來說，是一個非常重要的指標。

相對於一般學院裡的學術論文，這篇論文除了具有學術專業品質的規格，也持續在社區大學理念實踐場域中發酵……

論文寫作者鄭景隆，自民國八十七年文山社區大學創校起到校上課至今。

「從八十七年到現在，我幾乎每學期都修習一至二門課程，最多至四門課程……」鄭景隆說。

這樣勤快地在社大上課，不斷聆聽不同老師的教學，該是人生及知識視野的重大啟發，也是累積出鄭景隆這篇論文的關鍵。當然，這和鄭景隆這個人的「原來」樣子有關！

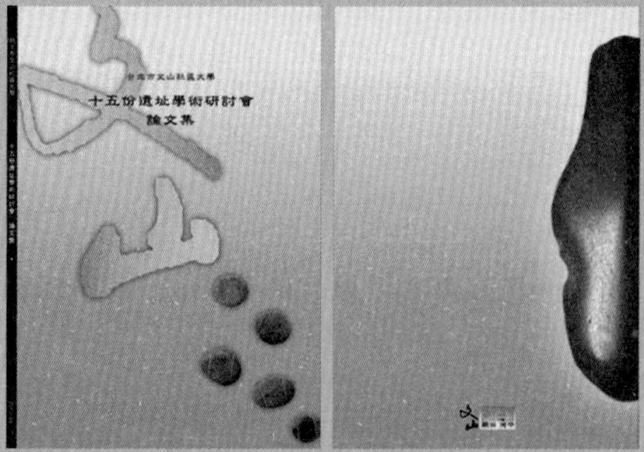

文山社大十五份遺址論文集

關於「鄭景隆」這個人

「有一個教授朋友說我有反菁英的傾向，其實我不是反菁英……」

「從前有個店家出了一本篆刻書，說，某某某是知名篆刻家，所以鑑石功力高人一等，那根本是屁話……」

這些談話片段，若更深刻計較，會發現這正是鄭景隆的個性寫照：略帶批判，反權威性格。這樣的批判和反權威，並不無厘頭，是有真確情境和觀察做依據。

換言之，他不是不認同權威，而是要在現實情境下做檢證、思辨，始確定所謂「權威」的「位置」；未在社區大學上課以前，他就是用這樣的態度從事紫砂器、篆刻、印石等行業。

「小時候我就喜歡收舊器物，像碗、盤、銅器、鐵器，真正有脈絡的收集是從民國六十四、六十五年的時候，當時約二十歲上下。我玩的東西滿雜的，玩過郵票、錢幣，玩得最深入的是紫砂器、篆刻、印石；我發現我跟明末到民國間這五百年的時段很有緣分。文人篆刻是從明末開始，紫砂器幾乎也是從明末。我花很多時間去研究的。」

這些器物的搜集、探索或販售，對鄭景隆而言，並不僅止於器物表面，他要進入器物更「背後」的典故……

「我覺得器物本身不好玩，不管什麼器物都一樣，好玩的是器物後面的故事和背景，如何去學習『這一塊』才不會忘記，如果只是玩（器物）會忘記；也就是說它沒有故事，你說這個壺很漂亮，哪裡漂亮，我講不出來……」

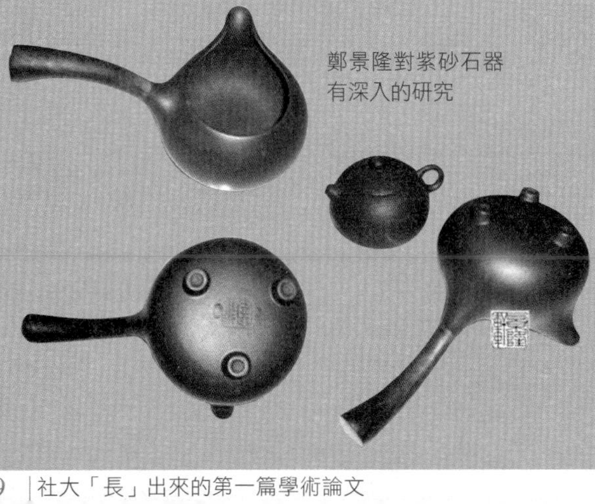

鄭景隆對紫砂石器
有深入的研究

十五份遺址發現者
鄭景隆

這樣具探索性格的人，對器物表面背後義理有好奇和熱情的人，一旦有更寬廣人文視野的提升，有更深度知識建構方法在指引，有知識典範及內涵在涉獵，會發生更具知識質地的創作。

鄭景隆後來在文山社區大學的表現，就在彰顯這樣的價值。

「景隆軒」一隅

鄭景隆的工作室充滿人文氣息

到社大上課

「其實社大剛開始的時候我並不曉得。有一天在路上碰到幾個朋友，有一個朋友談到這邊有一個社大，我問他什麼叫社大，大家都不知道什麼叫社大，有人就說不然我們去看看。那天剛好很閒，我們就去看看，當時社大在木柵國中，我們就去了解，後來只有我報名。我報了江明修的課……」

鄭景隆到社大上課那一年是民國八十七年，這一年正好是文山社大創校的第一年。當時許多大專院校的學者專家，包括中研院及民間各專業領域的專家學者都到社大開課，鄭景隆也趁此機緣，進入這個學習平台，聆聽所謂的「專業」、所謂的「人文」是怎麼一回事。當時前來社大上課的學員素質不一，動機也不同。有人把社大當作大學補校來看待、有人想「新鮮」一下，有人想認真學習……

「景隆是我十年前初到文山社大選課的同班同學，個性大剌剌、說話很四海、嗓門跟笑聲都特大的他，夾在一堆看起來比較像是讀書人的學員中，還蠻顯眼的，當時我心裡曾經冒出這樣的念頭：『這個人，不知能挺多久喔？』結果，他算是跌破了所有人的眼鏡吧！一路長期地選讀了一般人不想多花腦筋的各類人文、社會科學課程……」張瓊齡這樣描述鄭景隆，她是鄭景隆在文山社大第一門課的同班同學，後來也擔任過文山社大主任祕書。

「週六早上上課，他總是遲到，一進門就坐在靠門口第一排第一個位置，動作大剌剌的，個子又『大』，很顯眼！那陣子常下大雨，他總是穿雨衣雨鞋進教室，我

大個子鄭景隆作風豪邁，剛來文山社大上課時非常引人側目

當時猜想這位同學八成是清潔隊的人。多年後我才知道，他每週五晚上有一群『酒黨』朋友，已持續十幾年的深夜聚會，週六早上上課根本是件痛苦的事；而這位疑似清潔隊的同學竟然是位知名篆刻藝術家。」林雪玉和鄭景隆同樣在王道還老師的「人類自然史・演化、性象、認知」課程中上課，對鄭景隆的上課「作風」，有深刻印象。

鄭景隆對同學們這樣的印象，也瞭然於心，他說：

「那時候我跟張瓊齡是同學，就跟雪玉的講法一樣。我的樣子看起來就是今天來明天就不來的那一種，結果已經過了十二年，我到現在還在社大選讀課程，沒有間斷。」

瓊齡和雪玉所代表的，是在傳統教育體系有良好表現，也一路順利升學就讀好學校、在就業方面沒遇到什麼挫折的類型，她們之所以會有這種「錯認」，恐怕正因為鄭景隆是被傳統的教育體系遺漏掉的人。若不是在沒有門檻的社區大學裡相逢，這兩類人，恐怕會永遠地錯身而過，沒有交會的空間。

鄭景隆十二年來，都在文山社大上課，沒有離開；在社大學習了七年後，他獲選為台北市社區大學民間促進會常務監事，接著完成全國社區大學第一篇論文，自二〇一〇年起擔任台北市文山社區大學志工社社長。十幾年來這樣深度涉入、參與社區大學志業，該是所有親朋故舊始料未及的！或許，文山社區大學堅持理念以及知識探求、意義實踐的陪伴，是鄭景隆堅持到現在，很重要的理由！

發現十五份遺物

「三年多前，慧眼獨具地辨識出一批不尋常的石器，成為十五份遺址的發現人，讓文山區的歷史往前推了兩、三千年，連他自己恐怕也都很意外地，就用這個做為研究主題，寫出了社大第一本經過五位專家學者共同簽署認證的論文，在九十七年十一月一日，正式戴上學士帽。」

這幾年，最令大家津津樂道的，該是鄭景隆「發現」十五份史前石器這件事。

民國九十六年十月，好友余讓堯交給鄭景隆一批石器。當時鄭景隆不知道這批石器的身分，後來透過政大民族系王雅萍老師，輾轉告知中研院考古學者劉益昌教授，才知道這批古物的價值：其中湯匙狀的石器，是考古學界少見的「巴圖」石器。

「讓堯指出這批石器發現的地方在十五份，也就是文山區興隆路一段附近。」

「我那時直覺以為那是原住民的器物，所以傳給王雅萍看，王雅萍說這不是原住民的東西，她認識劉益昌老師，因此又傳給劉益昌老師看，劉老師看了馬上留電話給我，劉益昌老師這樣快地回覆，我的職業直覺知道這一定有東西，我打電話給他，幾天後他從台南趕回來……」

就這樣，鄭景隆和劉益昌老師相約在興隆路一段137巷一帶見面。

余讓堯告訴鄭景隆石器發現地點

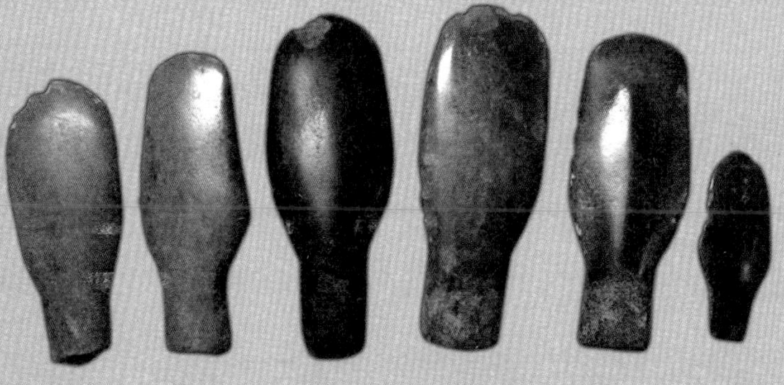

巴圖石器

「現器物舊址一帶已在整建停車場和公園，我們到現場，已無法看出器物舊址的樣子。」鄭景隆事後說。劉老師在現場看地形時，晴朗天空突然下起滂沱大雨，鄭景隆邀劉老師到不遠處自己的工作室聊聊。

一到工作室，鄭景隆向劉益昌出示收藏的「巴圖」遺物。

這批「巴圖」發現的地區，即興隆路一段137巷一帶，早期稱做十五份。

劉益昌年輕時住在附近，由於考古專業的身分，使他對於十五份這個地方特別敏感。早在日治時期即有史前遺物出土，但是地點並未被記錄下來，幾成為後來考古學家待解之謎。曾經住在附近的劉益昌，也遊走附近郊野綠地，試圖找出十五份遺址或遺物的蛛絲馬跡，但是多年過去了，仍然沒有結果。這次，鄭景隆告知十五份有「巴圖」遺物，他回台北即刻前來察看。

在鄭景隆的工作室，劉益昌接過「巴圖」遺物，沉甸甸的，心中卻更篤定。只可惜現場被破壞，無法進一步進行探索、研究。

「劉益昌老師找很久，這個東西出來其實最高興的是他，他頭一天來看，看到相片就很開心，因為他以前住在這後面，每天來這裡走來走去，都沒看到……」

劉益昌教授

發現器物的地方現已改建成文山景美運動公園

鄭景隆描述當天劉益昌看到這些遺物的觀察。

「這個十五份遺址，是在日據時期被發現的，確切發現地點在文獻上找不到記載，約略知道當時有六個遺址，現在這件事情發現一個，其他的沒有著落。這個遺址，就我的了解，還有看文獻及他們教授講的，應該是兩件事：一件事是當初有一個農夫，在這邊採集到，然後送到帝大（今台灣大學前身）。移川子之藏是當時的系主任，把它稱作巴圖，因為他研究過紐西蘭的器物，跟那邊的東西很像。另外有一個事件是，帝大在建校舍要擴張的時候要填土，往興隆路方向採集土方，採的時候聽說就有發現巴圖……」

鄭景隆大致描述了十五份遺址的發現歷程。

鄭景隆還說，關於史前遺物「巴圖」的用處有幾種說法，但是無法證實；用途、功能並不明確。換言之，考古學者尋找十五份遺址和遺物多年，苦無著落。這次鄭景隆的發現，給十五份遺址研究帶來契機。

日治時期考古者移川子之藏

王雅萍教授

從「十五份」發展出來的社會實踐

當時鄭景隆在文山社大上周述蓉老師的古玉課，周老師在台大地質系博士班進修，對於古玉和石器等頗有研究。鄭景隆把這些石器拿到班上給周述蓉老師看，告訴周老師要把這些石器捐出去做研究。

周老師平日喜歡研究古玉，經常有古物收藏的朋友或學生，鄭景隆得到這個古器物，竟然要捐出去，不藏私，這在她的朋友和學生中不曾見過；這可是很磊落、良善的胸懷！

「要捐出去；假如不明不白地捐出去，後來的人哪知道這些古器物的來由？」當下周老師建議把這批遺物的來由寫出來。鄭景隆不太寫文章，也不打字，乍聽之下，有點「天方夜譚」。

當時文山社大的校長唐光華知道這件事，意識到這批石器的發現很不容易，也同意周老師的說法，他對鄭景隆說：「這是很有價值的發現，這樣的發現應該發展成學術報告，這樣做對社大的工作很有意義。」

在文山社大上課多年，鄭景隆深刻感佩文山社大的辦學理念，也對文山社大有深厚的情感，校長所說的「……學術報告，這樣做對社大的工作很有意義」這句話，不是表面話，是社大實踐可以努力

黃士強教授多年前也看過這些巴圖石器

鄭景隆向周述蓉老師出示巴圖古器物

周述蓉老師

的方向。只是，當時對鄭景隆而言，學術報告的概念仍然很模糊，總覺得還有許多「前提」沒有發生，寫成論文的機緣不到。

接下來，在周述蓉老師的安排下，鄭景隆拜訪台大人類學系黃士強教授。

他從袋子取出巴圖石器交到黃教授手中，黃教授審視良久，說：「這個我看過，很久以前有人拿這石器給我看。」黃教授說曾經有婦人拿了二件石器給他看，他問在哪裡發現，對方沒有說出來，後來就斷了聯絡，沒想到多年後，同樣的器物又出現在眼前。

多有趣的緣分啊！黃士強教授，一個考古學者十數年前失聯的古器物，又重新出現在眼前。

再來，巴圖等遺物沒有閒著，聯合報等媒體前來報導，有伙伴加入資料整理和翻譯的行列，還到花蓮教育大學拜訪地質系劉瑩三教授，進行石器的微拉曼光譜分析。文山社大還邀請鄭景隆、周述蓉舉辦「十五份遺址現形記」專題演講。

接著，鄭景隆和唐光華校長一起拜訪里長，洽談十五份遺址規劃為十五份遺址公園或設碑的可能性；到學校、電台談十五份遺址；陪同學者專家考察遺址……這些緣於十五份遺物及遺址而來的討論、觀察、演講，使鄭景隆逐漸深化十五份遺址延伸出來的思維和見識。

鄭景隆分享巴圖的發現過程

民國九十六年九月，文山社大為增加十五份遺址探索深度，開設了「十五份遺址專題課程」共十二堂，邀集學有專精的考古學者前來授課。

「學者來上課前，我會先到，把我的東西拿去，看他怎麼說。巴圖的資料很少，很多學者沒有真正看過巴圖，每個學者來，我都一直問問題，十二堂課下來，我學到好多，功力彷彿增加一甲子。」

鄭景隆上完這一系列課程眼界大開，對於接下來十五份相關遺物的探索和論文的寫作幫助很大。

在此同時，鄭景隆陪同學者專家及市政府官員到巴圖遺物發現的公園、停車場一帶訪視；如早先了解的，土層已被開挖，現場環境被破壞，但是附近有山丘等地方未被挖除，或可以用「疑似遺址」提醒未來可能的開發行為……

遺址沒有了，許多訊息無法真確掌握，但是事情並不就此結束，還有許多事可以努力，心思活潑的鄭景隆有些點子在心中盤算……

「我把這些東西公共化，從來不認為這是我的，後面就有得玩了，可以越玩越好玩。」

「十五份遺址專題課程」結束後，鄭景隆和老師、同學們成立「十五份遺址研究社」，這中間有同學拍攝遺址發展過程，製成光碟……

鄭景隆和學員分享巴圖的特色及意義

鄭景隆自己也成為十五份遺物的代言人，要忙於演講、經營社團，也和文山社大幾位伙伴研議出「虛擬博物館」構想，希望用網路方式呈現十五份石器和文化的內容，讓國中、小老師更容易取得資料教學，使下一代的學子更了解自己居住的地方。

巴圖，這批遺址已被破壞的遺物，鄭景隆越玩越深，越玩越大；而在「玩」的過程中，遺址相關的社會實踐理念和知識，也在發展、演進。

論文的完成

整體而言，十五份遺物的發現，鄭景隆賦予了很大的想像力和實踐力；而文山社大師長的陪伴和促動，更是鄭景隆的重要支柱，只是這樣的陪伴也給鄭景隆莫大壓力。大家不講，心裡面還是惦念著：「把論文寫出來！把十五份的研究寫成論文！」唉，真傷腦筋啊！儘管這一、兩年的訪視和學習已扎下深刻考古基礎，但是臨到寫文章，鄭景隆就頭痛。

「我不太寫文章的，用電腦打字更不會。」儘管感到困擾，鄭景隆卻很清楚論文沒寫出來，開朗不起來，總覺得有什麼重要的事情沒有完成。

「就趁社大創校十週年慶前完成吧！」鄭景隆答應了誰，已不重要了。總之，這件事已經放在他心裡很久，就以十月份為期限，一次解決！

……

九十七年十月底，鄭景隆終於完成論文寫作。

從社大蘊育的第一篇學術論文於焉誕生。

鄭景隆說：「我覺得這批東西是自己要出來的，我一直到把論文寫完，都有這種感覺，它（巴圖）知道我們不會把它A走，透過我，把它弄出來，想想看，不然我是門外漢，也不是專家學者專門搞這個的……」寫完論文，鄭景隆仍在恍忽之中，整個探索和寫作過程，他當作一種機緣，一種生命偶然遇合的機緣。

十五份遺址光碟

鄭景隆珍視發現巴圖的機緣

鄭景隆交出論文，依照前校長唐光華的想法：要給專家學者審查，經過核定、修改才算數。這個想法假如實現，會是全國社區大學的創舉；自民國八十七年第一所社區大學成立以來，已十年，還沒有學員寫的論文經學者專家認可。

文山社大拿到鄭景隆的論文後，就邀請劉益昌、周述蓉、劉瑩三、溫振華、杜文仁等學者專家審定，幾經修正，內容才算確定。

「本論文係鄭景隆君在台北市文山社區大學所完成之畢業論文，於民國九十七年十月二十二日承下列指導老師審查通過……」審核委員審定書這樣寫著。

這份審定書是文山社區大學成立十年的第一份畢業論文審核書，也是台北市各社大成立以來，第一份被審核通過的論文。

這就文山社大而言是大事！就倡議社大民間興學理念的社大主事者而言也是創舉！

「聽過許多人說，『社大改變了他們的生命』，言下之意好像人生可以戲劇性地用黑白與彩色來劃分似的。而我在景隆這個人身上，看見社大可以讓一個人，在保有他原有的特質之外，進而讓他的生命更有層次感，更加多元而豐富，並不是往外加東西進來，而是讓一些元素融進原有的生命基礎裡。他讓我看到了一個民間栽培出來的學者（學習者，也是開發新學問的人），可以同時擁有酒肉朋友，同時可以不惜代價、不為任何功利、專注地把自己有興趣的事情搞懂、搞清楚，這讓我對於文山社區大學以標榜『學術』做為特色，看到具體可行的範例，而不再是近乎烏托邦的空中樓閣。」張瓊齡在回顧了整起事件之後，深有所感地表示。

在原有的生命基礎上打磨出人們本身內蘊的光芒，而不僅是錦上添花而已，在鄭景隆和文山社大所結下的因緣中，我們看到了一個最最豐碩且令人動容的成果。

〔附記〕

這是文山社大的第一張海報，日期為八十七年十二月三十一日，上面有馬總統剛當選台北市長時到社大訪視的簽名，還有社大的創始者黃武雄老師暨歷任理事長、校長、主祕、授課老師的簽名，鄭景隆珍藏至今，非常有歷史性。

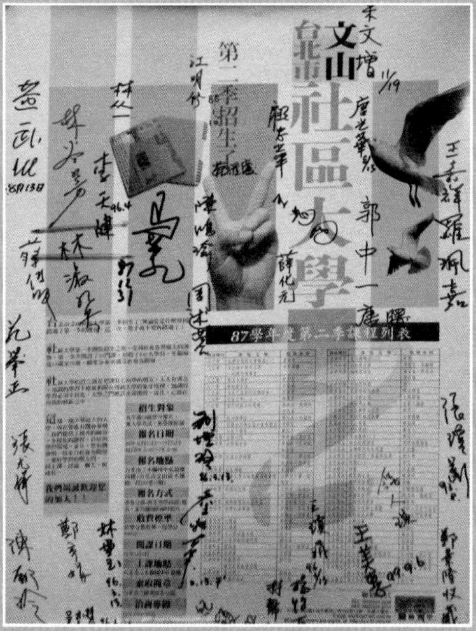

士林芝蘭新街導覽圖

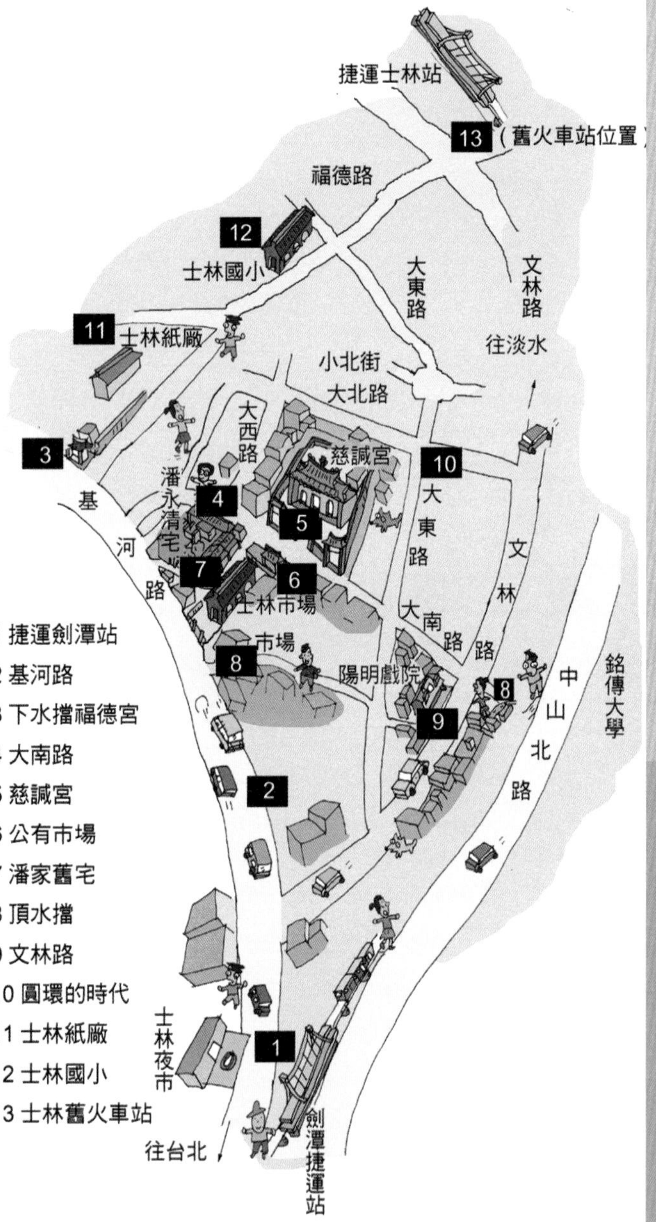

1 捷運劍潭站
2 基河路
3 下水擋福德宮
4 大南路
5 慈諴宮
6 公有市場
7 潘家舊宅
8 頂水擋
9 文林路
10 圓環的時代
11 士林紙廠
12 士林國小
13 士林舊火車站

士林社大

一起來寫我們的故事

早上我去老人服務中心給老人上課，老人說，跟年輕人講沒有用啦！講的事他們都不聽啦！但是仍然要努力，把我們做的這些事讓年輕人知道……

士林社區大學口述歷史班　吳素鳳

士林是台北盆地最早的聚落之一，旁鄰基隆河，留有許多歷史遺跡與空間。就近代及當代台北市的發展歷程而言，士林也扮演著相當重要的角色。當熱鬧的夜市和可口的小吃讓「士林」這個地標揚名國內外之時，我們，身為台北市的市民，或者自稱為所謂的士林人，您是如何看待及了解這個百年以上的士林生活圈呢？

這樣的探問，伴隨著士林社大做為士林地區公民教育及在地文化培力的重要學習場域，讓「士林學」的概念逐漸成型。近年來，士林社大積極倡導士林學，期望透過長時間探索士林的相關發展素材，以建構士林區的風土、文化建設等內涵，進而指出士林區可能的發展願景。

在此過程中，士林社大所開設的「口述歷史」課程，乃是建構士林學內涵的重要實踐方式。口述歷史課程以工作坊的形式進行，由陳健一老師主持，從士林發展概論談起，再進一步訪談地方耆老，接著將這些資料整理成建構士林學的材料，發展成鄉土教學、公民教育的素材。

基河路一帶古早是基隆河河道，基隆河改道後才成為現在這個樣子。那麼，原來基隆河是怎麼流？

一百多年前，由潘永清率領興建的芝蘭新街，如何發展至今？

潘師亮寫得一手好字，他用手寫和手繪方式完成《我家家史》、《士林發展史》等書

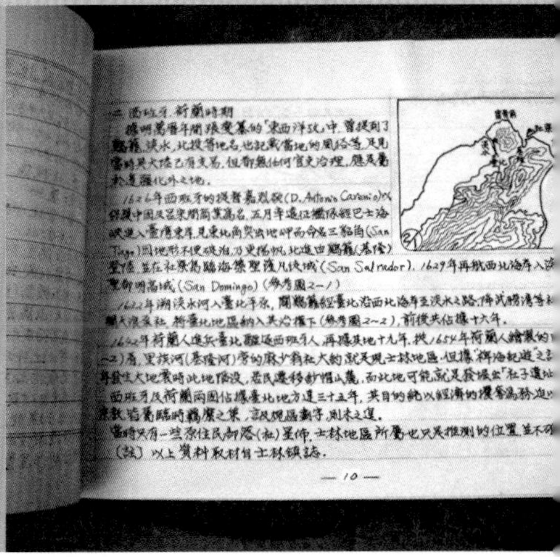

士林區值得探索的課題著實不少，這開啟了口述歷史班學員的好奇心和熱情，讓許多學員開始尋找歷史的蹤跡和線索。林玉美是口述歷史班的學員，丈夫姓吳，與潘永清家族是姻親，也熟識潘家的後輩子孫；這樣寶貴的線索和機緣，成就了一趟珍貴的訪談之約：九十九年三月十一日下午，陳健一老師和林玉美、吳素鳳、呂思樺等學員來到德美街的五樓公寓，拜訪潘永清的曾孫潘師亮先生。

潘師亮年近八十，住在公寓頂樓，我們一進客廳，便看到中間的祖先牌位及神龕，右側牆面有潘師亮母親的遺照，遺照上方懸掛光緒二十年所題的舊匾「芝蘭室」，左側牆面則有一木匾題字「潘家家訓——克振家聲」。這屋子不大，書卷、器皿整齊擺放，感覺素樸而雅緻，如同這個房子親切的主人一般，有著濃厚的書卷味。

「……潘永清是我的直系祖先，常常講的士林潘家有八房，我們是第一房，潘永清是老大，是我的高祖父，我們原本不是士林人，是石牌人，應該說是唭哩岸那一帶……」潘師亮緩緩道來，潘家自潘永清那一代便積極參與士林地區的公共事務，距今已一百四、五十年。那時候住在士林的漳洲人和來自外地的泉州人經常械鬥，有一回泉州人攻打漳州人，燒掉了士林舊街，而後更遭遇水災的衝擊，居民生活頗為困難艱苦。當時潘永清倡議遷居「下樹林」，並親自奔走、規劃，使下樹林逐漸

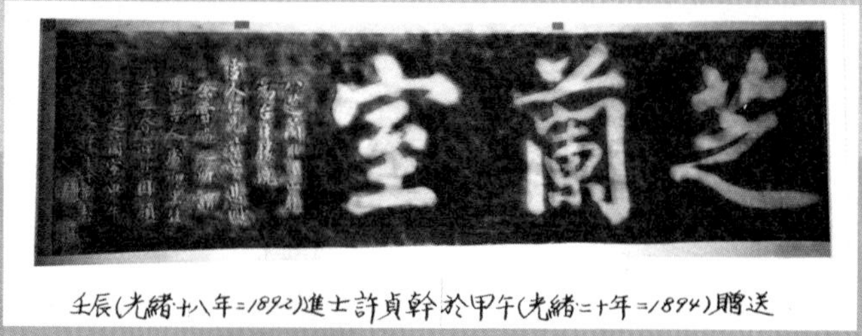
芝蘭室
壬辰(光緒十八年=1892)進士許貞幹於甲午(光緒二十年=1894)贈送
室內懸掛的匾額年代可追溯到清光緒二十年

「克振家聲」是祖先的期許，也是潘家後輩的心願

一行人拜訪潘宅

發展成居民住所和生活空間，也就是所謂的「芝蘭新街」，位置約在目前的士林慈誠宮周邊。

潘永清過逝後，家族基業由潘永清的弟弟和八個兒子接手。日治初期，潘永清的長子潘光松受六氏事件（芝山巖事件）波及，遭日本人處死，潘家在地方的發展遭受阻礙。潘光松的兒子潘廼文眼見父親被殺，家族處境不佳，提筆寫下左牆上的匾額「潘家家訓——克振家聲」；這並非附庸風雅的應酬文字，而是深刻沉痛地反映出潘廼文遭逢家族巨變的心情寫照，以及對子孫的期待。

潘廼文和妻子搬離潘永清留下的大宅院，遷居到圓山附近。三十年後，潘家新一代的長孫潘師亮出生，潘廼文對潘師亮喜愛有加，經常拉著潘師亮問長問短。潘師亮念公學校（小學）時，被要求改日本姓氏，潘師亮徵求家人意見，遭潘廼文嚴詞拒絕；潘家對於家族沒落之痛以及對日本人的不滿，溢於言表。

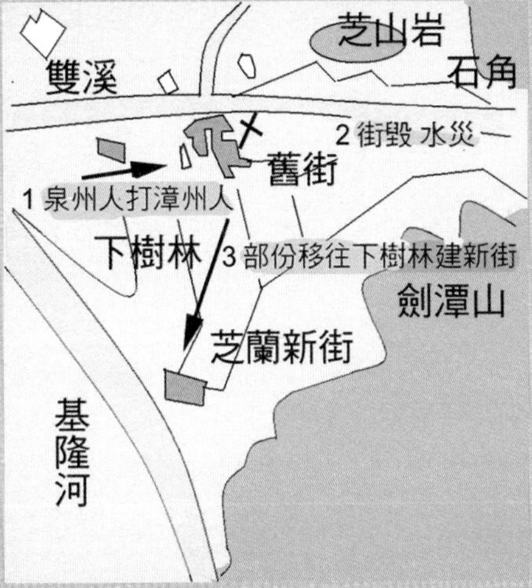

咸豐九年那場械鬥促使很多士林人從舊街搬到芝蘭新街

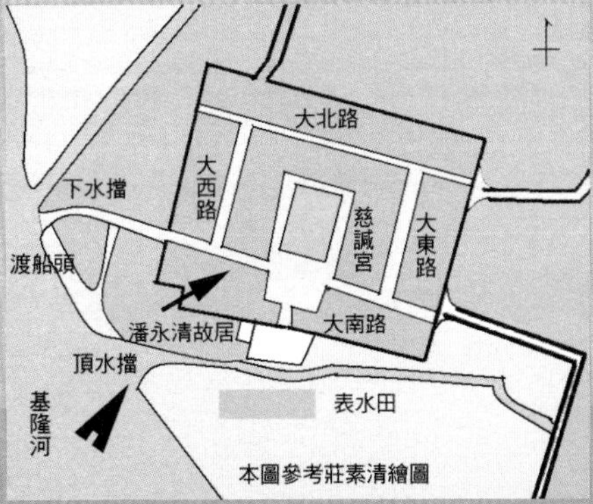

清朝時期芝蘭新街簡圖

潘師亮就讀的士林公學校檔案照片

時至今日，潘家後代各房已開枝散葉，四處發展；大多數的潘家後代對祖先的事蹟皆不復記憶，但是仍有少數幾位長者潛心緬懷潘永清的德行和風範，潘師亮為其一：

「……我每天放學一邊看書，阿公（潘迺文）就在旁邊跟我說話，阿公說有一個枕頭箱要留給我……國小五年級的時候阿公過世，有一個親戚叫潘阿鹿，他以前在社子國小當校長，後來到士東國小服務到退休，我叫他大伯……有一天潘校長，就是我那個大伯到我家喝茶聊天，他拿了一本書給我，他說你阿公有交代的那個枕頭箱不見了，只剩下這本書，阿公過世前將這本書放在壞掉的皮箱裡，大伯說只剩下這本書就給我了。我寫的那本家

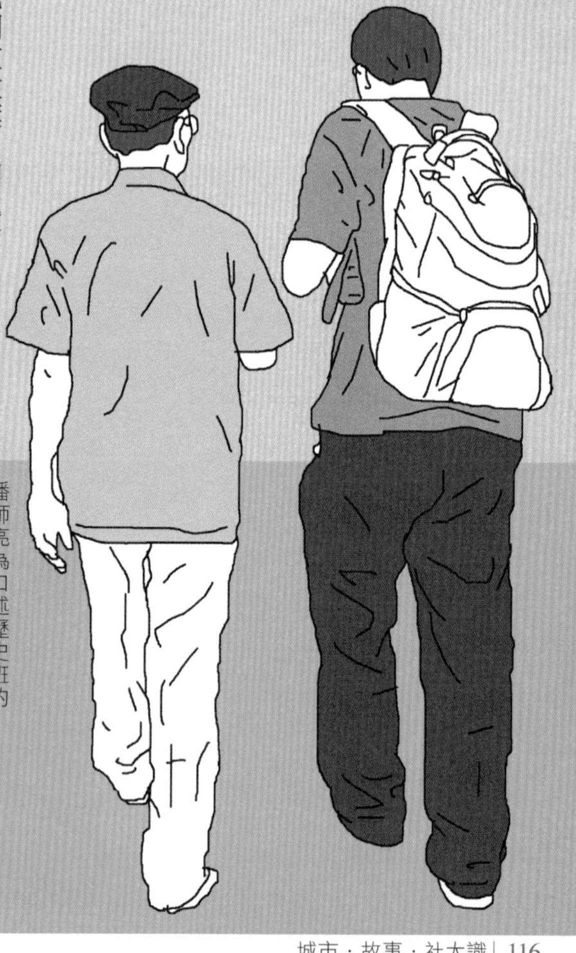

潘師亮為口述歷史班的師生解說士林街角巷弄間的典故

潘永清後代潘師亮手著《我家家史》封面

史就是根據那本書，那時……內容完全看不懂，尤其是年代的部分，哪個在前，哪個在後，完全搞不懂。後來我想了一個辦法，就是把它抄起來，然後剪成一條一條的去拼湊；我讀日本書，文學底也不好，那本家史你看很簡單幾句話，卻花了我二十年時間。寫完那本之後的隔幾年，我又寫了一本，從頭寫一遍。因為這不是我一個人的，所以我整理一部分，就寫一部分，給親戚們看。親戚們說這樣每次都拿一部分、一部分，到時候兜不起來，就說拿公錢去印成一本，以後要看要查也比較方便。」

潘師亮早年在士林紙廠上班，退休後積極蒐集、整理潘家的相關資料和文獻，引經據典，寫成《我家家史》一書。家史的書寫過程中，幾經多年的摸索、困頓和刪修，裡頭若是他的個人臆測，他會以「我個人認為」來避免誤導，也不誇大潘家事蹟，而是盡可能將整本書處理得條理清晰、內容完整。

潘師亮除了整理出《我家家史》一書，還整理著述《士林發展史》、《士林市場史》等書，這些書皆出自潘師亮之手，以硬筆一筆一畫工整地刻寫，並自費印刷，用情至重，才情至深，可欽可佩。

玉美說：「別的老街沒有這故事，只有士林老

潘家是士林地區重要家族，潘家長房潘師亮花費很大心力整理士林及潘家的史料，意義不凡

街有遷建都市規劃的故事……」訪談告一段落，士林的故事才剛起頭。地方的文史交疊出士林學的豐厚和縱深，也呼喚著口述歷史班學員以及士林社大夥伴們去思索和行動：用述說和書寫，把故事傳下去。於是我們動筆，著手製作士林歷史之旅手冊和摺頁，潘師亮的手稿必不可少；我們發聲，在九十九年十二月底舉辦士林學系列座談，邀請地方耆老敘述記憶中的士林，不論是廟宇、大街、市場或是自然生態，都有著豐富的故事和趣味。

後來有一回，我們邀潘師亮同走一段士林芝蘭新街，也就是潘永清親手闢建的士林街，那天，玉美的先生也同行，他是士林在地家族吳家的後代。玉美曾談過：「士林官邸是我們吳家的，吳家還有墓園在官邸後面的山上……」、「我們吳家的祖厝在這一帶，最近在整建……」吳家的發展歷程並不像潘家那樣，留有很多的文獻資料，但在地景中、廟宇裡，卻默默保存著吳家的痕跡……

我們忽然想起了玉美第一次來到口述歷史班那天，她開頭便說：「我夫家是吳廷誥的後代……」據《惠濟宮碑誌》所載，清朝乾隆十七年（西元一七五二年），吳廷誥時為士林當地仕紳，倡建芝山巖惠濟宮。不同於一般的自我介紹，玉美的開頭在口述歷史班顯得格外有其意義。她平時喜歡探索歷史文化方面的知識和事物，公職退休後，到士林社大報名文化歷史和紀錄片相關的課程，例如洪淳修老師的「攝獵觀點與社區影像寫真」，以及陳健一老師開授的「士林學口述歷史」。

從概念的發想到行動的實踐，「士林學」所提供的將不僅是史料的還原、文化的傳遞或知識的累積，而是更多地去回應人類本性中尋根、溯源的根本想望。

玉美夫家姓吳，
和潘家有姻親關係

士林社大口述歷史班上課情景

中正社大

「長官，我們有意見！」客家文化主題公園的規劃

舊與新的交替

位在北市中正區荒廢多時的台北市兒童交通博物館，於二○○八年交由台北市客委會經營，將改建為客家文化園區，其初始構想在原交通博物館戶外場地堆土建梯田，挖出水塘，還要闢茶園，這些對原來地景衝擊很大；其間，最引起爭議的是移走二百多棵樹。這些樹木要移往哪裡？如何移？凡此都引來部分在地居民不安，於是群起向台北市政府抗議，綠黨、都市改革組織等團體也一起參與這樣的抗爭行動。

中正區在地居民竹子小姐結合民間社團的力量，努力奔走搶救園區內樹木

中正社大主任羅于婷

中正社大主任羅于婷談到與客家文化園區爭議的起源：

「我租的房子離汀洲路交通博物館不遠，經常經過這一帶。那天，發現交通博物館圍起圍牆，我開始找相關報導，才知道這裡要改成客家文化園區，也注意到有些問題在裡面。」

羅于婷於是找來社大工作人員劉宥君上網找資料，和綠黨聯繫，積極促成中正社大公民素養週舉辦「生態都市工作坊」，關心「客家文化園區」的問題，包括室內講座和戶外現場訪視等。

看見現場

「生態都市工作坊」主要在二〇〇九年四月二十七日舉行，上午先進行室內課程，由都市改革組織祕書長黃仁志進行整個事件的背景說明，下午則由在地陳姓居民及野鳥協會老師陪學員到現場觀察。

「這些樹都要移除嗎？」來到園區，學員面對一棵棵樹木，不禁困惑地問。

接著徒步走到左側帶狀土堆上的大片竹林，大伙兒立刻開始有感覺……

「哇！這片竹林好漂亮啊！在車子、水泥很多

中正社大舉辦「生態都市工作坊」

客家主題公園生態地圖

不當移樹！

區既
路，
道路成為
路，使許多大
迫遷移。
遷移規劃中，
移植大樹沒有
交待，輕率態
令人無法句同

車入口干擾
僑國中校門
學

破壞景觀生態的跨堤平台！

高約十七公尺大型跨堤平台，遊客臨風、曝曬，景觀及生態破壞，效益差。

大面積土堤造成棲地大面積破壞，且要大量移樹，是粗暴的規劃與建設。

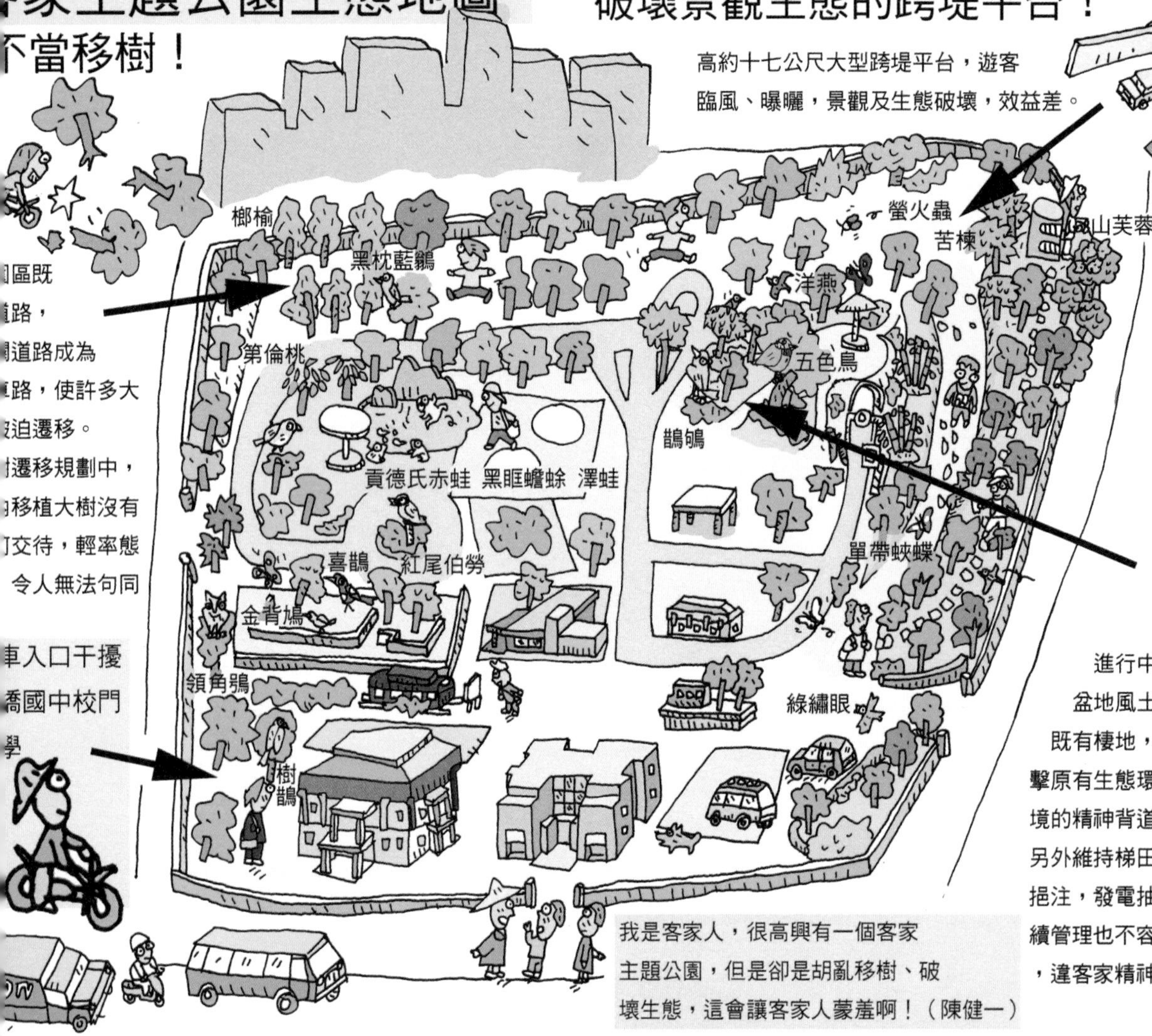

不當梯田規劃

進行中的梯田和茶園規劃不具台北盆地風土特色，為了這項規劃要剷除既有棲地，且要移開許多大樹，嚴重衝擊原有生態環境和特色，和客家人愛護環境的精神背道而馳。

另外維持梯田及茶園的假山需要水源長期挹注，發電抽水沒有資源永續的觀念，後續管理也不容易。是不環保、不生態永續，違客家精神的做法。

我是客家人，很高興有一個客家主題公園，但是卻是胡亂移樹、破壞生態，這會讓客家人蒙羞啊！（陳健一）

的台北市，居然還有這樣幽靜的竹林。真是神奇！這地方會被剷除嗎？」太多的困惑和不安，不斷出現在談話中。

更有學員在當天活動回來後，寫下他的心得：

我們一行十多名中正社大的同學們，趁著北部難得風和日麗的天候，走出戶外造訪新店溪的樹神之家——「台北市兒童交通博物館」園區，主要目的是一窺樹神之家的豐富老樹、鳥類生態以及人與自然的平衡。

一踏進園區內，首先映入眼簾都是蔓草圍繞的兩棟老舊水泥建築物，與一輛外表業已鐵銹斑斑、由瑞典贈與台北市政府的舊火車頭……導覽人員導引著我們繞園一趟，一一解說園區樹種與鳥類的生態，更讓我們這一群門外漢內心澎湃不已，因為我們深深體會到原「台北市兒童交通博物館」在台北市區來講，真是難得一見的生態綠地，園區內有著水柳、榔榆等樹種，具備森林相，且在樹蔭溼潤的地面上業已長出不少的原生樹種，極為難得。又據台北市野鳥協會調查，園區內鳥類多達二十餘種，具備生態多樣，導覽人員又提到園區內將建築跨堤水泥大景觀平台，在平台上將設置咖啡座。我們當場提出質疑，跨堤平台的設置到底有何景可觀？在交通頻繁的道路設置咖啡座，其在氣氛和衛生上又是如何情境？且在斜坡上建置象徵客家精神的梯田，將移走園區內九十幾棵大樹，如此對那些鳥類的棲息、生態的改變

都市改革組織黃仁志老師

學員走到兒童交通博物館舊址參觀，聽老師解說

造成的衝擊不難想見。也因此，一個園區在更新伊始，建議主辦單位不妨多聽聽專家的意見，聆聽附近居民的心聲，審慎規劃、設計出園方與民眾雙贏互利的新公園，否則將來園區建造完成，不僅將使園區生態失衡，遺害無窮，象徵城市活力和支撐城市永續發展的綠地，也將在台北的地圖上永遠消失，絕非市民之福。

台北到處是水泥建築，綠地和荒地不多，大樹更鮮少存在，客家文化園區因早期交通博物館時期的園區規劃，留下許多大樹，也存在荒地，甚至形成自然演替的生態棲地。這樣的空間就現在的大台北都會區而言，顯得稀有、難得，若要整體規劃就要意識到這些特色，不可輕率進行建設，胡亂移樹、整地——這是那天工作坊和學員分享的結論。

持續關心的反思

「後來我們有去找當地的里長，問他們針對這樣的議題有什麼想法，才發現這樣的議題在當地沒有獲得很大的重視，連里長本身的了解也很薄弱。」于婷說。

里長嫻熟里鄰大小事，卻對所在社區少有綠地的公園建設沒有任何意見。于婷這樣的觀察不是個

活動當天，竹子小姐也分享參與此次行動的觀察和想法

案，也不是特例，過往台北縣市的幾個重大建設或爭議，里長幾乎缺席，不只里長，民代很多也缺席！這些相關人士不一定表示反對，但即使是贊成、支持的意見也不願表態。這究竟怎麼回事？當下社會不是選出里長、民代為我們說話嗎？遇到地方重大爭議，他們竟然不願表態！為什麼？我們公民社會體質出了什麼問題？

至於社區大學，面對類似地方上的重大議題，又該如何對應？

于婷說出社大的角色和侷限：

> 社大是公民教育的場域，有時要配合政府相關政策的宣導，對於地方上的議題也要發掘，讓更多人知道，藉以表達不同意見。這次「客家主題文化園區」爭議，中正社大希望把平台做出來，讓民眾進來關心，不同意見可以在這裡發聲。

「所以對於這些在地議題，我們要試著去發掘，再結合NGO團體及鄰里長的相關意見。為什麼由我們社大自己去發現？中正社大的學員有超過五成不住在中正區，但他們在這裡上班、活動，應該讓他們關心每天生活八個小時以上的所在地，藉

從議題的發掘、相關單位及資訊的了解，乃至工作坊的推動，後續到里長的訪視，我們看到中正社大建構在地公民平台的用心。

以引發大家對每天生活、工作、熟悉的地方產生認同。」

從議題的發掘、相關單位及資訊的了解，乃至工作坊的推動，後續到里長的訪視，我們看到中正社大建構在地公民平台的用心。

意外的回應

二○○九年六月十日，天空烏雲密布，下著滂沱大雨，于婷和宥君撐著傘、著雨衣，到訪客家文化園區，聲援抗議行動。一群人走進原來兒童交通博物館一樓屋角的廊道，現場有市政府人員、抗議群眾，也有公視的記者。

外面雨聲淅淅瀝瀝，廊道人聲紛雜，氣氛有些沉重。人群中有人說話，是市政府的官員，也就是客家委員會的主委。他說：

「不做梯田，縮小跨堤平台……也不移除樹，你們的要求，我們都回應你們。」主委略帶嚴肅，這段話一出口，站在一邊的環保團體成員帶點驚訝，沒想到市政府會有這樣的良性回應。經過幾個月的抗爭和協商，台北市政府客家事務委員會逐漸意識到這股民意壓力，終於改變初衷。

這是好事。整個遊說、抗議過程得到政府單位善意的回應了。

很有意見的……持續關心

「客家文化主題公園」目前仍在整建施工中，預計二○一一年九～十月搭配百年國慶正式開幕。歷經民眾與環保團體的抗議，工程停工近半年，以及政府單位的溝通、協調、變更工程規劃等善意的回應（詳附記之政府新聞稿），民眾有權利對政府的承諾作後續的檢視與持續的關心，因為很有意見是公民社會的常態，而唯有民眾持續關心，才能凝聚推動社區乃至社會進步的公民能量。

整個遊說、抗議過程最後得到政府單位善意回應，非常難得

[另一種觀點]

客家文化園區爭議的背景

經過多年來的政治及經濟發展，台北都會空間發展迅速，許多綠地、荒地都被大樓和水泥地覆蓋，幾乎片土不存。也因此，部分民間團體呼籲保存既有綠地，拒絕閒置空間被財團收購改建成豪宅。只可惜台北市政府面對已經稀少的綠地，幾乎沒有整體的想法和堅持，只要利益團體遊說，每每輕率做成決策，將綠地擴建為停車場、闢成水泥廣場或者賣給財團蓋高樓華廈。這些做法短期間有助於政治人物的選票和政府財稅收入，長期下來卻讓有限的都市土地失去綠色自然空間，對於公民親近自然的遊憩及生活品質均有不良的影響。

客家主題文化園區初期園區的規劃，大抵是這類政府決策文化的延伸，為了政治人物即興的想法，不顧公園既有特色，為擴大都市用地空間而任意破壞棲地。幸得熱心民眾、環保團體及部分民代不斷積極努力遊說，才讓台北市政府改變決策，接受民眾意見。

或許可以說，「客家主題文化園區」的例子，是政府善意回應民間想法的作為，值得高度肯定。

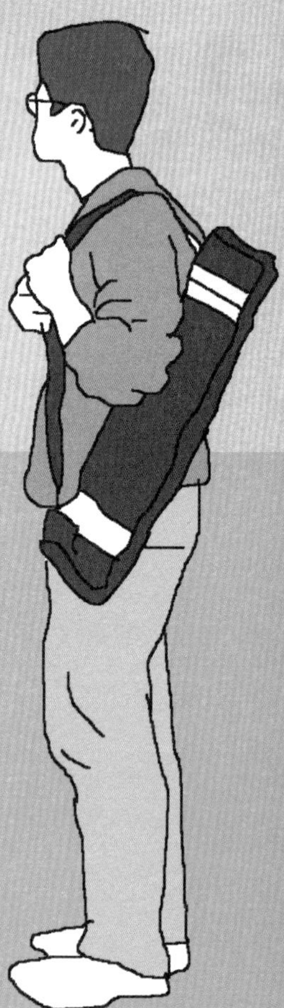

［附記］

臺北市政府新聞稿

發稿單位：臺北市政府客家事務委員會
發稿日期：九十九年一月四日

客家文化主題公園與自然生態共存再生

臺北市客家文化主題公園因民間環保團體的反彈，工程近乎停工半年，但公園也經由在地居民及民間團體的關心所引發的社會關懷下，從減少樹木移植、取消園內自行車道、跨堤輕量化等變更設計重新再出發。

首先跨堤活動平台改為景觀平台，由原本的大型樑柱水泥平台，改為輕量、斜張造型的「吊拱橋式景觀平台」，面積、高程皆有減縮，橋體更顯輕盈。原設於園區內近螢橋國中的自行車道取消，改由師大路人行道銜接跨堤平台，因自行車道不行經園區內，大幅降低對園區內原有生態之擾動，也因此增加園區綠覆率及透水性。

在跨堤平台改以輕量設計後，減少了聯結跨堤的覆土約一萬立方公尺，也同時取消梯田及茶園，改依地形地貌塑造「農村體驗區」，園內步道改為十五公分高的木棧道，讓原生物種得以穿梭其間，移植樹木大量減少為八十三株且均為基地內部移植調整位置，確保原有林相及自然生態；這些變更設計都是在聽取各環保團體、臺北市樹木保護委員會、都市設計審議委員會的專業建議後所做的調整，希望能符合各界的期待。

大安社大

華光社區的另類課外教學

中午時分，熙來攘往的杭州南路旁，經營十幾年的小籠湯包和隔壁的豆漿店，人聲鼎沸。再走個幾步，金華街的知名牛肉麵，正是許許多多台北人回味無窮的記憶。

轉個彎，拐進後頭巷弄，放眼所及是二層樓高的老眷村房舍，屋子用黑色的雨淋板架起來，外頭是水泥磚牆。有些家庭搭起各式棚架與衣架，在超迷你的巷弄中停滿腳踏車和機車，甚至在邊間的空隙塞了台洗衣機、在突出的矮屋簷上種花花草草，充分利用空間，因應一家多口的需求。

面臨威脅的家園

這裡是「華光社區」，鄰著中正紀念堂。日治初期，這兒是監獄；一八九九年時，日治政府推行街道改正計畫，拆除台北城，其中部分的城牆石材留做後來台北監獄的圍牆。一九六〇年代，台北監獄遷移，接著郵政總區、電信機房進駐，也興建公寓樓房，供作法務部員工宿舍；當時，也有許多的居民在政府默許下，以日式平房為基底，自行搭蓋

臨水宮為華光社區重要的廟宇空間，為福州居民的信仰中心

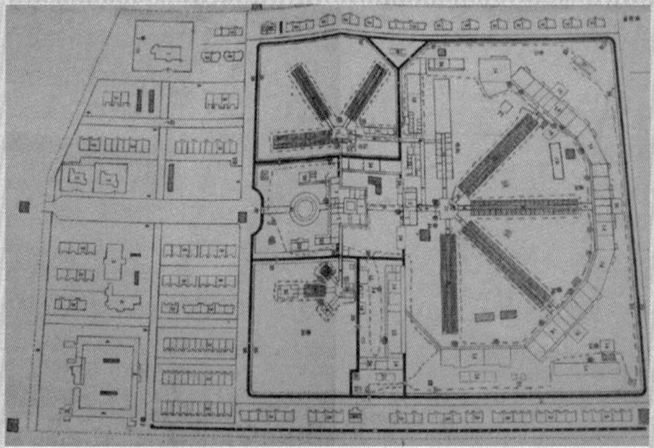

台北監獄空間配置舊圖

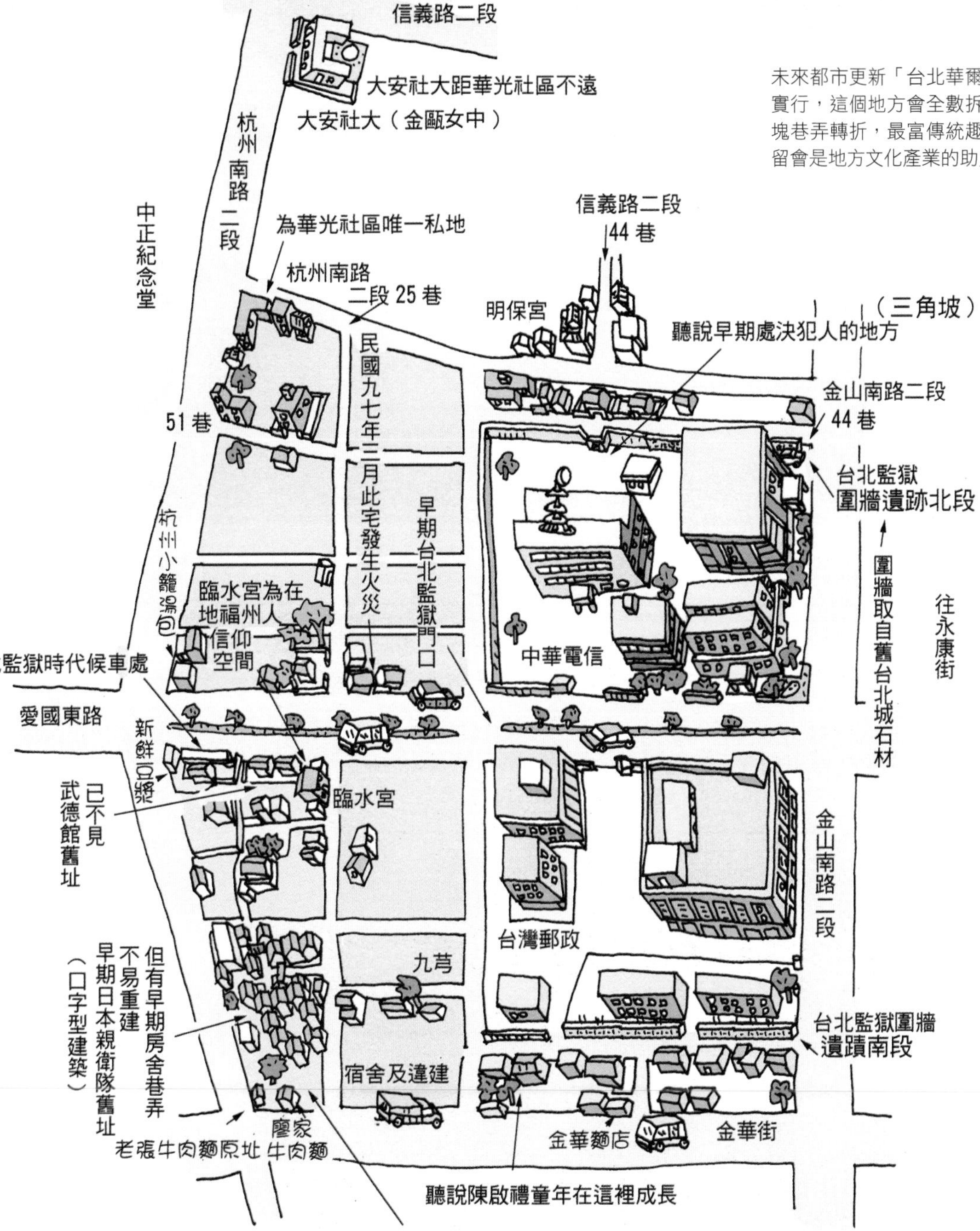

未來都市更新「台北華爾街」計畫若實行，這個地方會全數拆光。此一區塊巷弄轉折，最富傳統趣味，若能保留會是地方文化產業的助力。

屋舍。[2]目前的華光社區住戶，即為早期法務部員工眷戶及違建戶。

只是，老眷村裡的居民現已漸漸遷離，密密麻麻的房舍街道間，竟開始聽不見人聲交談、看不見每日生活的痕跡；屋前生鏽的鐵門，道盡了獨守家園的孤單。社區發展協會的公布欄上，記錄著本月份該進行的工作：繳交陳情書、赴府陳情……等，僅存的居民開始對攝影機和記者媒體有了戒心，社區內隨處可見白布條寫著黑字：「司法漠視人權」、「停止訴訟，先

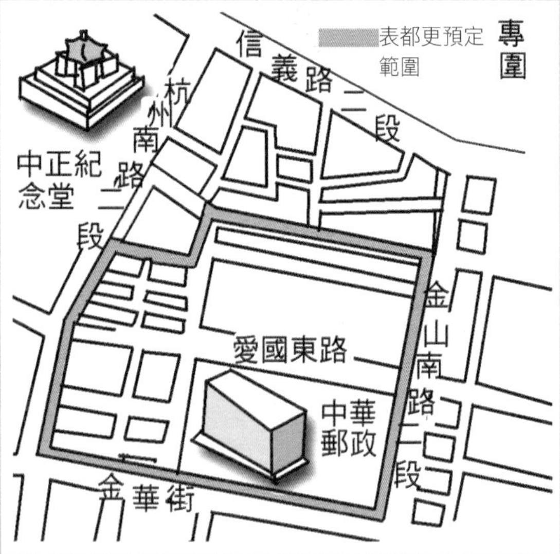

華光特區位置圖

「華光社區都市更新」鳥瞰圖

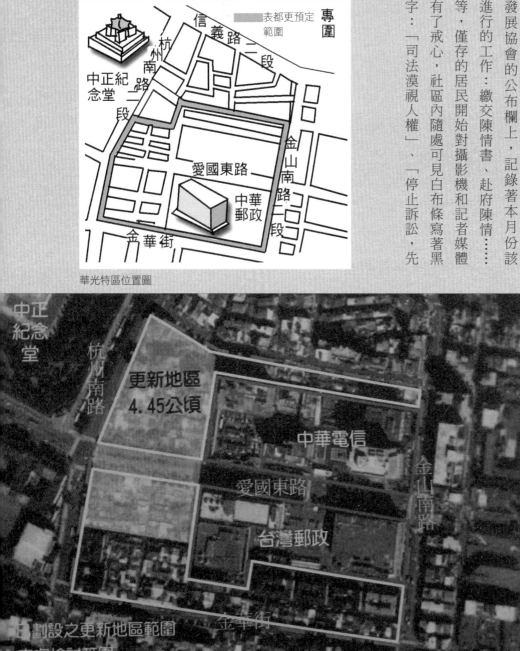

談安置」、「誓死捍衛家園」……，[3]氣氛冷凝。

民國九十五年，行政院提出四大金磚計畫，其中「台北－華光社區旗艦計畫」預定打造「台北華爾街」，在華光社區一帶興建商務中心、金融管理中心、資訊及通訊中心、高品質住宅，並要求違建戶遷移。由於一百六十八戶住戶無力搬走，政府也沒有規劃住戶安置問題，後來演變成法務部以「侵占國土」為由，對部分住戶提告，造成居民的恐慌及反彈，紛擾至今未果。

現在不做，以後就沒了！

這一天，大安社區大學（簡稱大安社大）的梁蔭民老師帶領著社區民眾和社大學員，探訪台北監獄圍牆遺址。遺址位置在金山南路二段44巷裡的電信局邊牆，屬市定古蹟；附近有兩個解說牌，分別為中華電信及美國戰俘家屬所設置。中華電信所設的解說牌靠近停車場，經常被車輛遮擋，一般人容易忽視；反倒是美國戰俘家屬所設的解說牌，掛在人行巷道邊，清楚

在梁蔭民老師的帶領下，社大學員走入社區

明顯。一夥人走著看著，不免反省起台北在地人在文史遺址維護工作中的角色，而感慨搖頭。

大安社大總校區位於杭州南路與信義路交叉口的金甌女中，鄰近華光社區。民國九十七年，大安社大的課程專員張伊貝，因思考大安區文史課程的相關規劃，而開始接觸和關心華光社區「台北華爾街」都市更新計畫的相關議題，並在暑期課程及九月份社大秋季班課程的安排中，加入華光社區的都市更新議題。到了學期末的班會，社大學員們討論起「是否繼續關心華光社區議題」一時，凝聚出了共識：「現在不做，以後就沒了！」

「我們想辦工作坊、寫刊物，讓相關消息和想法被看到、被聽到……」伊貝說。民國九十八年八月二十七日，大安社大舉辦「公共論壇」，邀請政府部門、當地鄰里長、大安區民眾以及社大學員一起探討此一課題；九月份開始，更由社大講師帶領學員，每週至華光社區進行訪談和觀察。

中華電信靠金華街部分的台北監獄古圍牆，石材來自清領時期的台北城，現為市定二級古蹟

中華電信設立古牆解說牌，卻因位於停車場內側，不易看到

危機即轉機

事實是「大部分居民最在意有沒有補償金，」梁蔭民老師說，「我們告訴他們，這個地方早晚要拆，你們搬離後，生活在這裡的人和歷史都值得記錄啊！但是他們要的是『抗爭』，為他們的權利『抗爭』，不是記錄。」由於社區居民的居住空間即將遭到剝奪，急於找建商、律師等商量爭取權利的相關辦法，同時社區內居民的意見相當分歧，這樣的焦慮不安，使他們無心、也無力思考「爭取補償」之外的各種可能。儘管如此，梁老師和社大學員們仍執意進行在地聚落的訪談和記錄，他們找資料、進行口訪、實地踏察、也寫成文字，甚至帶領民眾繞行社區空間，與民眾一同討論社區家園的特色，以及都市更新計畫施行後可能帶來的遺憾。這突顯出華光社區都更案的複雜和無奈，也開啟了社大講師和在地文史社成員們的再思考：有時候，換個方式向主政者喊話，讓別人看到華光社區的特色，或許有機會啟動另一種討論、爭取和規劃方式。

就華光社區的時空背景而言，它位於清朝時期舊台北城的東側，屬清朝的空間舊址；

大安社大專員張伊貝的支持和陪伴，使華光社區工作順利展開

大安社大主辦的公共論壇，邀政府官員和民眾對話

它有日治時期的舊監獄和日本駐衛隊舊址，也保存了日治時期的宿舍；它有福州移民所建造的臨水宮，還有多樣曲折的傳統及當代巷道空間……

對於「爭取補償」此一糾葛利益的課題，梁老師和社大學員可以努力的空間確實不大；但在台北的人文發展脈絡中，這個「最後的台北老眷村」，有著清晰的歷史價值和鮮明的地方特色，值得提醒政府以更長遠而寬廣的視野來進行規劃，加以保留並經營。

梁蔭民老師積極投入華光社區關懷工作

可能的出路

「這個擁有百年歷史的社區，從日據時代開始了它的故事。較知名的古蹟是台北監獄圍牆、日式建築、臨水宮，甚至日前，我們發現了一棵保育類的樹種。除此之外，這裡的居民多來自不同族群，但沒有太多人關心過他們那段歷史……我們知道（都市更新案）計畫書中，有一塊公園預定地，城牆（台北監獄圍牆遺址）就會在裡面，那其他的老建築呢？沒有辦法規劃、整修和保存嗎？這樣一個都更案，將居民都打散，他們在這裡十幾年的情感和記憶也要瓦解，都市更新計畫構想的是一個未來的城市，但這座未來城市中，我們卻看不到金融、科技以外的其他想像，台北難道是一個『金融科技園區』？都市更新計畫的專家們，我們很想知道，你們希望未來的台北人如何想像台北？如果這些共同的歷史記憶消失殆盡，台北人將如何對這個空間有認同和歸屬感？如果我們想打造的台北，是個有生命、有活力、有記憶的台北，難道不該想想如何創造一個具知性、文化的空間嗎？我們可以接受在歷史交替的過程中，有些東西會消失，但記憶卻是可以留存或再現這些實體的方式，我們不希望看到一個冰冷、失根的台北。」

——大安社大在地文史社學員廖健苡

社區居民主要在爭取補償，紛擾不斷之餘大家都很無奈

所謂的「台北華爾街」計畫，將規劃讓觀光飯店進駐，配合正在進行的捷運站工程，以及中正紀念堂等景點，想打造一個觀光客心嚮往之的地方。只是，若就觀光客的角度而言，除了台北的現代化和進步，讓客人體驗不一樣的在地生活及民俗風情，也是很好的賣點。況且，華光社區有眷村和宿舍，或許可以像金門和澎湖一樣，把維護較好的房舍隔間做整修、裝潢，再外包給民宿業者代管，訂定辦法維護空間品質，同時把在地文化推出去，「這種做法，難道不可行嗎？」伊貝的困惑，當然也是許多社大在地文史社學員的困惑。

後記

那一天，我從櫛比鱗次的高樓華屋，鑽進華光社區裡的巷弄轉折、低矮房舍；自當代時尚繁忙的節奏與氛圍，走進如時光隧道般古樸閒散的鄉里情境。我們沿著舊監獄的牆堵遊走，也困在拼裝房舍的紛雜混亂裡……

事實上，類似這種在都市發展中牽扯多方權益的課題，可謂屢見不鮮，當民眾的公民意識逐漸提升，主其事的政府單位該如何和居民、專家及關心此一區域的社團進行有效的溝通，以及如何整合各方的建議作適時調整，顯得格外重要；進一步來說，這是在檢驗決策者的城市願景、經營態度、與執行能力。當然，從另一個角

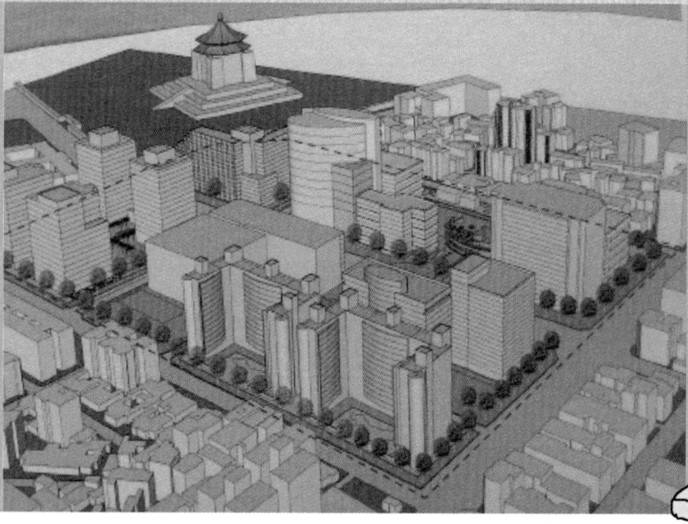

內政部營建署「華爾街」藍圖大部分是水泥建築，缺乏在地風情。若確定施行，可預見台北又失去一個有特色、有故事的地方。

廖健苡就華光社區都更案一事發表看法

度來說，「公民課」是民眾與政府官員共同的功課，唯有對話的雙方或多方，有一定的公民素養作為理性討論的基礎，溝通才成為可能。

我想帶更多社大學員進來，引領更多民眾到訪，也建議學校走讀。要一而再、再而三，走出記憶，走出感觸，走出城市的願景，走出公民意識和公民實踐，也走出整個台北城市的想像與未來。

---

1. 資料來源：陳婉寧（二〇〇八），最後的台北老眷村：華光社區，二〇一〇年十月二十七日取自http://www.dfun.com.tw/?p=7090
2. 資料來源：華光社區發展協會（二〇〇九），被迫搬遷華光社區的居民弱勢者權益？二〇一〇年十月二十七日取自 http://blog.roodo.com/taipeihuaguang/archives/8609669.html
3. 資料來源：陳婉寧（二〇〇八），最後的台北老眷村：華光社區，二〇一〇年十月二十七日取自http://www.dfun.com.tw/?p=7090

學員訪視華光社區住戶，在了解居民心聲之時，也試圖傳達保留社區記憶的企圖

大安社大於公共論壇時做看板介紹社區議題

後記

十二個感動之後

想開扇窗，一探社區大學的究竟，從中貼近社區、省視土地、想望城市願景。在這樣的預設之下，我走讀了台北市十二所社區大學。

從民國八十七年第一所社區大學創設到現在，匆匆已歷十三載。這十三年來，各社區大學依循自己對社區大學理念的理解和個別團隊的工作體質，早已發展出不同特色的工作文化及課程演繹。只是，我仍想探究：歷來社區大學懷抱的「公民社會，知識解放」理想志業，多年後是否仍然在實務上、理念上依舊堅持這樣的辦學初衷？是否仍然在困惑與願力的拉鋸之間繼續堅持，不斷前進？

十三年足以形塑出團隊文化、治校風格。這中間要有堅持，要有調整，才可能更貼近社區大學原初創校的理念。社區大學不只是陪伴民眾逸樂的民間社教單位，它有更嚴肅的理念要實踐。這樣的理解，讓我們走讀十二所社區大學，尋找可以被關注、積極對話、供人學習的典範，也對各社區大學理念實踐的侷限和困窘提出疑問和加以檢驗。只是，實際走進社區大學教學現場，這樣的理念預設有很多不再是重點。畢竟，踩在社區土地，看到鮮活的社大學員和教師的工作圖像，很多的道理、言詞都變得沒有必要，顯得多餘。

看著萬華社大陳岳輝守在華江雁鴨公園的身姿，南港社大鄧黃銀蓮略帶興奮地拿出數位相機的模樣，北投社大趙懷弟低身提起菜籃、小狗搖尾跟在腳邊的身影，信義社大廖守義老師熟悉南港人文史蹟的熱情，文山社大鄭景隆的奇遇……訪視十二所社大的師生，我彷彿開啟了十二個人生視窗，也參與了訪問者的生命旅程；很多時候，我走進去，又走出來。看看自己，我變得渺小，也多了篤定。

「原來，人生可以這樣。」我這樣註記這段經歷。

經常在想，假如社區大學沒有成立，這樣的執著、信念要在哪裡彰顯？要在哪裡被觸發？我漸漸有了更多「社區大學可以怎樣」的體會。這樣的體會，並不是來自「公民社會」、「知識解放」等帶有高度理想色彩、卻極易流於空泛口號的精神激勵，而是真實看到社區大學師生的生活、生命及工作圖像後的感觸。

社區大學是什麼？可以怎麼樣？走過十二所社大，我有不同於過往的領受和期待。過往，我也在社區大學任教，對於社區大學教育理路，自信有一定的認知和體會。只是，這樣的體會很多是個人的、片段的、主觀的。這次到訪十二所社大，閱歷各社大最最核心的決策過程，和投注的資源及心力。這樣的歷程，大大擴充、調整了原先的想法，啟發良多。

「很多事，很多義理要參與現場，進出情境，看到生命，才能夠體會到。」訪視十二所社大教學現場後，我更加堅定這樣的想法。

本書想努力的，也是在彰顯社大的理念。我們列舉台北市十二所社大的教學實例，讓例子說話，讓例子展現出社區大學理念志業的各種可能。所以，才有這本書十二所社區大學的訪視和寫作。

在進行本書寫作及訪視時，筆者對於社區大學的志業是帶點關切、帶點焦慮的，但是進入各社大的教學及實踐現場時，許多的關切和焦慮逐漸被拋却，取而代之的是，一個又一個社大講師及學習現場的熱力和感動……

接下來，拋開對義理的關懷和焦慮，我直接貼近土地、田園，面對教師的熱情與視角……

漸漸的，我的好奇、熱情被啟動，再來，我變得開始有些享受，享受個別老師引伸出來的生命和感動，我正被啟發中。

再來，我在十八份菜園及野地體會所謂的、真真實實的生命，聆聽一個木匠的工藝志業，貪看信義區頂樓花園的城市視角，尋訪巷弄裡的文山願景圖貌……

訪視的這段時間，我忙於備課、上課及趕製圖稿，幾乎找不到時間進行和這本書有關的一連串後續訪問和現場探查，最後是在勉強榨出的空檔下才辛苦完成的。

這樣的勉力與動力，很大部分來自對政大教育學院詹院長的承諾，以及，政大社區學習研究發展中心雪玉的工作使命感召；書稿完成後，宥儒細心修繕文字，佳慧的耐心溝通，以及玉瑩細心編製版面，讓整本書的形貌更趨完整……

做為全民終身學習的標竿象徵，社區大學於社區努力的志業，固然不可能「包山包海」，什麼都做；但是站在協助社區發展的「高度」，對於社區當下處境的理解和陪伴，對於地方願景的實踐與堅持，則是必需的。以上的範例與觀察，都是在台北市十二所社大實實在在發展起來的，這也表示類似的做法可行，只要社大工作團隊願意堅持，願意執著，願意努力成就。

最後，想再強調：社區大學做為陪伴社區成長的團隊，絕不可以自外於社區發展脈絡之外。社區大學的理念不是託諸空泛言論，是要進入課程、進入社區中予以社會實踐。我們在這裡列舉了台北市十二所社大的範例，這些範例也表彰出多元的社區課題，包括了綠地、都市發展、在地農業、社區美學、知識發展、在地文化、公民自覺等等。這些課題掌握到社區及社區大學的脈絡與核心精神，是可行的社區大學工作範例，並藉由「一校一故事」的方式，由北市各社大率先提供自身經驗，供全台的社區大學或相關社區學習組織參考。

在此和各社區大學的伙伴們共勉，更將本書獻給十三年來，默默守護、支持社大的各界朋友們。

台北市文山社區大學

成立年份　一九九八
承辦單位　社團法人台北市社區大學民間促進會
電話　02-2930-2627
地址　116台北市文山區景中街27號（景美國中校區）
網址　http://www. wenshan.org.tw/

台北市文山社區大學為全國第一所社區大學，以「解放知識、厚植公民社會」為辦學理念。鼓勵學員博雅學習，每期開設約一百五十門學術、生活藝能及社團類課程，包含人文、社會、自然、環境、社區、美術等學程，豐富而多元！文山社大長期關心環境與生態，致力於景美溪和貓空的認識以及守護、導覽工作，近年更積極推展文山學深化社區經營。十二年來辦學績優，深受各界肯定。

台北市士林社區大學

成立年份　一九九九
承辦單位　財團法人崇德文化教育基金會
電話　02-2880-6580
地址　111台北市承德路四段177號（百齡高中校區）
網址　http://www.tscc.org.tw/

台北市士林社區大學以「追求卓越、優化士林、迎向國際公民社會」為辦學理念，以（一）社區參與在地行動促進公民參與、（二）全球思維文化扎根建構公民社會、（三）生態保育水蘊芝蘭營造環保綠生活，為三大辦學目標和辦學發展特色。倡導終身學習，培養現代化公民，每期開設約一百五十門課程，學員選課約三千人次，已連續十一年經台北市政府教育局及學者專家評鑑為辦學績優學校，深受各界肯定。

台北市大同社區大學

成立年份 二〇〇一
承辦單位 財團法人淨化社會文教基金會
電話 02-2555-6008
地址 103台北市長安西路37-1號
網址 http://www.datong.org.tw

台北市大同社區大學在二〇〇一年時由淨耀法師以佛教慈悲濟世的精神，承辦大同社區大學，推動具體的社會教育，提倡健康和諧理性的善良風俗。在這樣的理念下，大同社區大學建立以經驗及解決生活問題為導向的成人教育，鼓勵參與公共事務，整合社會資源，推動社區營造工作，促進社區永續發展，期待發揮人本主義的精神，達成心靈改革、淨化社會的目標。

台北市萬華社區大學

成立年份 二〇〇〇
承辦單位 財團法人九九文教基金會
電話 02-2306-4267
地址 108台北市萬華區南寧路46號（龍山國中校區）
網址 http://www.whcc.org.tw/
淡水河悠活學習網 http://www.whcc.org.tw/yoho/Index.asp

台北市萬華社區大學係結合伊甸、勵馨社會福利基金會與大眾電信等民間社團機構共同創辦。以型塑公民社會與照顧弱勢精神落實於辦學，並透過「文化深耕、社區培力、環境守護、弱勢關懷」辦學四大主軸，實踐終身學習與解放知識理念。歷年重要事蹟：二〇〇四年獲北市府頒金鑽獎績優志工團隊、長期熱心關懷獨居老人獎；二〇〇五年通過首波全促會「社區與社會參與」認證；二〇〇八年獲行政院頒發網際營活獎「貢獻獎：網站熱力獎」；二〇〇七~二〇一〇年連續三年榮獲辦學評鑑「特優獎」。

台北市大安社區大學

成立年份 二〇〇三
承辦單位 開平高中、聯合東方工商、私立金甌女中
電話 金甌校區：02-2391-1418
開平校區：02-2706-3758
東方校區：02-2784-5768
地址 總校區：106台北市杭州南路二段1號（金甌女中）
開平校區：106台北市復興南路二段148巷24號（開平高中）
東方校區：106台北市信義路四段186巷8號（東方工商）
網址 http://daan.cogsh.tp.edu.tw/

台北市大安社區大學針對本區高收入高學歷的特色與特殊需要而研擬制定之辦學理念有六：（一）學員參與經營：突破傳統學府經營模式，透過學員的角度來經營。（二）課程內涵創新：三大類課程強調學習者應拓展個人的公領域，啟發個人的社會關懷，與公共領域結合的目標，促發民間力量的形成。（三）家庭成長共學：以家庭共學的概念，引領區民務實面對尋求解決之道。（四）弱勢扶植關懷：開設免費或優惠課程，將社會公義及幸福予以提升。（五）社區參與深化：挖掘社區人文典故，探討地方議題。（六）國際潮流接軌：與國際接軌，掌握先機掌握開創未來。社區大學是社會運動、非營利組織式的學習型機構，希望實現社區關懷及終身學習的理想。

台北市信義社區大學

成立年份 二〇〇一
承辦單位 財團法人光寶文教基金會
電話 02-8789-7316
地址 110台北市信義區松仁路158巷1號（信義國中校區）
網址 http://www.xycc.org.tw/

台北市信義社區大學從成立以來即因實際參與社區發展而擁有深厚的社造培力經驗，基於若要使社區工作領域達到「深耕、生根」的目標必應落實辦學之廣面，故積極爭取籌辦信義社區大學，進一步有效推動公民社區參與。如今在即將邁入辦學的第十年，回顧本校按教育局八大學程領域的範疇內，讓社區民眾在父母學、台北學、環境學程、公民素養、社區成長與志願服務等課程的陶冶下，達到成人終身學習，豐富身、心、靈的宏遠目標。

台北市中正社區大學

成立年份 二〇〇三
承辦單位 台北市私立開南高級商工職業學校
電話 02-2327-8441
地址 100台北市中正區濟南路一段6號
網址 http://www.zzcc.tp.edu.tw

台北市中正社區大學秉持著服務社區、促進社區活絡與發展、提升現代公民之基本能力，以長期在教育的耕耘成果、豐富的教學經驗、充足的教學設備，並抱持著非營利性的服務社會情懷積極辦理各項事務，獲得一致好評。辦學至今已邁入第九年，目前每期開設課程包括國際語文、電腦資訊、文化藝術、運動養生、生活藝能等總計約兩百多種課程，每年招收學生已逾一萬餘人，是目前大台北地區最受歡迎的學校。

台北市中山社區大學

成立年份 二〇〇三
承辦單位 台北市私立稻江高級護理家事職業學校
電話 02-2597-3371
地址 104台北市中山區新生北路三段55號
網址 http://www.zscc.tp.edu.tw

台北市中山社區大學以真善美為願景，透過豐富多元的課程學習與參與，使個人能從自我價值的建立與自我的肯定，進而關懷社會並投入社區參與行列，同時提升公民素養並開拓國際視野，培育具世界觀之公民。中山社大的校園文化絕非傳播菁英價值的一言堂，亦非訓練各項技能的職訓中心，我們以同為社區的一份子自許，期藉拋磚引玉的努力，來提升區域內居民關注公共議題，共同參與社區發展之推動，進而為社區帶來持續自我更新的力量，實現美好生活的願景。

台北市北投社區大學

成立年份 二〇〇三
承辦單位 財團法人台北市北投文化基金會
電話 02-2893-4760
地址 112台北市北投區中山路5-12號
網址 http://www.btcc.org.tw

台北市北投社大期待成為北投區居民的終身學習場域及關心並參與公共事務的基地，戮力營造一個在地的學習平台，並重視社區「學習力」與「行動力」的結合與發揚，積極開發具「在地性」及「公共性」的課程，開啟師生參與社區及公共事務的視野，進而將北投打造成一個宜居宜遊且高度自主性的健康城市。

台北市松山社區大學

成立年份 二〇〇三
承辦單位 財團法人泛美國際文教基金會
電話 02-2747-5431
地址 105台北市松山區八德路四段101號（中崙高中校區）
網址 http://www.sscctpe.org.tw

台北市松山社區大學以「推動終身教育，建構公民社會，深耕社區文化，關懷弱勢族群」為辦學宗旨，其中深耕社區更是核心理念，在課程的規劃與目標上，秉持校務發展理念，酌量少子化高齡化的社會現狀，期以更廣的視野、更貼近社區的需求來推動「學習型社區」與「學習型城市」的目標。尤其是松山區社區教育學習體系的推動，將不只是追求個人的成長而已，而是能夠整合目前社區在推動的社會教育、成人教育與終身學習相關的所有公家與民間單位，形成一個有效運作的平台，讓社區居民及社區皆可以在這平台上成長茁壯！

台北市南港社區大學

成立年份　二〇〇三
承辦單位　財團法人致福感恩文教基金會
電話　02- 2782-8272
地址　115台北市南港區東新街108巷23號
網址　http://www.nangang.org.tw

台北市南港社區大學的使命——知識解放型塑學習社區、社會改造打造公民社會與文化創生營造生態健康新文化等，積極推動以真愛核心價值為基礎，可持續發展的生命建造與全人健康的美善課程與行動，期望以培養生活的學員、活躍的公民、活潑的生命與活力的社區，讓南港成為二十一世紀「啟動真愛‧營造南港‧走出黑鄉‧迎向明珠」的東台北新境。

台北市內湖社區大學

成立年份　二〇〇三
承辦單位　財團法人愛心第二春文教基金會
電話　02-8751-1587
地址　114台北市內湖區內湖路一段520號（內湖高工校區）
網址　http://www.nhcc.org.tw

台北市內湖社區大學以「建構優質的終身學習平台，推動全民參與的公民社會」為辦學理念，使知識得以傳播、民眾對公共事務不再冷漠、人與人之間的關係得以建立、社區與社區之間可以產生互動，打造內湖區為一個充滿愛的社區。每學期學員平均有三千六百人次、開設的課程超過一百五十門之多，每年都榮獲台北市政府教育局頒發評鑑優良學校，並通過社區大學「社區與社會參與」認證與TTQS認證，這些都是對內湖社區大學最大的肯定與支持。

感謝以下各章協力工作人員：

南港社大（陳宥儒、羅孟倫）
內湖社大（陳宥儒、羅孟倫）
中山社大（陳宥儒、羅孟倫）
大同社大（陳宥儒）
松山社大（陳宥儒、羅孟倫）
萬華社大（羅孟倫）
北投社大（陳宥儒）
信義社大（陳宥儒）
文山社大（張瓊齡）
士林社大（陳宥儒、羅孟倫）
中正社大（林雪玉）
大安社大（陳宥儒、羅孟倫）

《城市・故事・社大識》徵選全國最優「閱」讀書會

《城市・故事・社大識》一書串起台北市社區大學12個動人又啟發人心的學習故事，為鼓 勵閱讀與終身學習，歡迎全國各地讀書會申請免費索書。

徵選讀書會資格：全國各地讀書會皆可申請，讀書會成員至少15名。

申請辦法：請上「社區學習研究發展中心」網站 http://rdccl.nccu.edu.tw 下載申請書，並於100年6月30日前回傳e-mail: rdccl@nccu.edu.tw。每個讀書會將致贈贈書乙本，共有50個機會，贈完為止。

我們將遴選出3位讀書會代表，入選者將受邀參加100年4月10日在誠品信義店舉辦的新書發表會，並獲得作者親筆簽名。

社區學習研究發展中心歡迎讀書會會員踴躍投稿分享您的閱讀心得，優秀作品除致贈稿費，並將刊登於中心電子報。

心靈工坊 PsyGarden
Living 016

城市・故事・社大識

City, Stories, and 12 Community Universities in Taipei

著、繪—陳健一 文字整理—陳宥儒、羅孟倫、張瓊齡、林雪玉

出版者—心靈工坊文化事業股份有限公司
合作出版—國立政治大學社區學習研究發展中心 指導單位—教育部
發行人—王浩威 諮詢顧問召集人—余德慧
總編輯—王桂花 執行編輯—裘佳慧 美術編輯—楊玉瑩
通訊地址—106台北市信義路四段53巷8號2樓
郵政劃撥—19546215 戶名—心靈工坊文化事業股份有限公司
電話—02）2702-9186 傳真—02）2702-9286
Email—service@psygarden.com.tw 網址—www.psygarden.com.tw

製版・印刷—中茂分色製版印刷事業股份有限公司
總經銷—大和書報圖書股份有限公司
電話—02）8990-2588 傳真—02）2290-1658
通訊地址—248台北縣新莊市五工五路2號（五股工業區）
初版一刷—2011年4月 ISBN—978-986-6782-83-1 定價—250元

國家圖書館出版品預行編目資料

城市・故事・社大識 / 陳健一作.
-- 初版. -- 臺北市：心靈工坊文化, 2011.04.
面； 公分. -- (Living；16)
ISBN 978-986-6782-83-1 (平裝)

1.社區大學 2.臺北市

528.432 99006508

思想觀念的帶動者

文化現象的觀察者

本土經驗的整理者

生命故事的關懷者